# 财政金融基础

毛德成  安翠花  孟晓静  主编

中国言实出版社

**图书在版编目（CIP）数据**

财政金融基础 / 毛德成，安翠花，孟晓静主编.

北京 ： 中国言实出版社，2025. 1. -- ISBN 978-7-5171-5069-5

Ⅰ. F8

中国国家版本馆CIP数据核字第2025457RB2号

**财政金融基础**

责任编辑：李岩
责任校对：薛磊

出版发行：中国言实出版社
　　　　　地　址：北京市朝阳区北苑路180号加利大厦5号楼105室
　　　　　邮　编：100101
　　　　　编辑部：北京市海淀区花园北路35号院9号楼302室
　　　　　邮　编：100083
　　　　　电　话：010-64924853（总编室）　　　010-64924716（发行部）
　　　　　网　址：www.zgyscbs.cn　　电子邮箱：zgyscbs@263.net

经　　销：新华书店
印　　刷：北京谊兴印刷有限公司
版　　次：2025年1月第1版　　2025年1月第1次印刷
规　　格：787毫米×1092毫米　　1/16　　13.5印张
字　　数：312千字

定　　价：45.00元
书　　号：ISBN 978-7-5171-5069-5

# 前言
## PREFACE

　　财政与金融作为现代经济体系的重要组成部分，发挥着举足轻重的作用。财政作为国家实现资源配置、收入再分配和稳定经济的重要手段，通过税收、发行国债等方式筹集资金，为国家的各项建设提供坚实的财力保障。金融通过资金的融通、资产的配置和风险管理，促进经济的繁荣与发展。

　　为了帮助学生建立完整的财政金融知识体系，为其将来做好工作奠定相应的理论基础，编者紧密联系经济社会的实际现象和问题，以通俗易懂的语言、真实生动的案例、翔实可靠的资料，精心编写了《财政金融基础》一书。

　　本书结构清晰、内容丰富、实用性强，共包括9个项目，分别为财政与财政收入、财政支出、政府预算、金融概述、金融机构体系、金融市场、金融资本投资（上）、金融资本投资（下）、互联网金融。整体而言，本书具有以下几个特色。

### 立德树人，德技双修

　　本书积极践行"立德树人，德技双修"的理念，将法治意识、道德修养、职业理想等内容融入文中，引导学生将个人价值观与国家繁荣富强紧密相连，力求培养有担当、高素质、高水平的专业型人才。

### 体例新颖，结构合理

　　本书融入活页式理念，采用"项目—任务"式体例结构，每个任务都采用"任务导入—知识讲解—任务拓展"式结构。在知识讲解中，穿插了"财经视野""课堂讨论"等栏目，不仅可以拓展学生的知识面，还可以培养学生将知识融会贯通的能力。此外，每个项目结尾还设置了"项目考核""项目综合评价"模块，进一步强化学生对项目重点内容的理解，并检验其学习效果。

### 案例丰富，贴近实际

　　本书不仅以导入案例的形式引出任务内容，激发学生的学习兴趣，还在知识讲解中穿插"经典案例"，让学生在学习财政金融知识的同时，结合具体案例理解和分析财政金融现象。同时，本书紧跟时代步伐，选取的案例具有权威性、前沿性，贴近生活，与经济实践活动紧密结合，能够全面提高学生分析问题和解决问题的能力。

### 数字资源，平台辅助

本书配有丰富的数字资源，构建了线上线下相结合的教学模式。学生可以借助智能手机或其他移动设备扫描二维码观看微课视频，也可以登录文旌综合教育平台"文旌课堂"查看与下载本书配套资源，如微课视频、习题答案和优质课件等。

此外，本书还提供了在线题库，支持"教学作业，一键发布"，教师只需通过微信或"文旌课堂"App，即可迅速选题、一键发布作业、智能批改作业，以及查看学生的作业分析报告，提高教学效率，提升教学体验。学生可在线完成作业，巩固所学知识，提高学习效率。

本书由刘岚担任主审，毛德成、安翠花、孟晓静担任主编，任晓青、张熔寒、陈玉洁、王艺璇、江莲、高波、陈玉和担任副主编。

特别说明：

（1）本书在编写过程中，参考了大量的资料并引用了部分文章和图片。这些引用的资料大部分已获授权，但由于部分资料来自网络，我们未能确认出处，也暂时无法联系到原作者。对此，我们深表歉意，并欢迎原作者随时与我们联系，我们将按规定支付酬劳。

（2）本书所选案例均来源于真实事件，但为了避免引起误会，部分人物使用了化名。

（3）本书没有注明资料来源的案例均为编者根据真实事件自编。

---

#### 🔍 | 本书配套资源下载网址和联系方式

🌐 网址：https://www.wenjingketang.com

📞 电话：400-117-9835

✉ 邮箱：book@wenjingketang.com

# 目录 CONTENTS

# 项目一
# 财政与财政收入

## 📈 项目导读

　　财政是国家经济运行的重要组成部分，也是政府实现其职能和经济目标的基础。通过学习财政与财政收入的相关知识，学生可以更好地理解政府制定财政政策的目的和依据，以及国家经济发展的目标和趋势。本项目主要介绍了财政概述、财政收入、税收收入和国债收入。

## 🕐 学习目标

### 知识目标

（1）掌握财政的特征和职能。

（2）掌握财政收入的分类和规模。

（3）掌握税收的特征、职能和要素。

（4）了解我国主要的税种。

（5）掌握国债的特征、功能和分类。

### 能力目标

（1）能够运用所学知识解释生活中的财政现象。

（2）能够分析税收收入与国债收入的异同。

### 素养目标

（1）关心国家财政，关注社会发展。

（2）树立依法纳税的意识，增强法治精神。

## 🏛 法策之窗

　　《中华人民共和国增值税法》《中华人民共和国消费税暂行条例》《中华人民共和国企业所得税法》《中华人民共和国个人所得税法》规定了相关税种的纳税人、征税范围、税率、计税方法、纳税期限等。

　　扫一扫右边的二维码，了解与本项目相关的法律法规及政策文件。

项目一相关的法律法规及政策文件

# 任务一 财政概述

## 任务导入

### 财政在养老保障中的重要作用

随着人口老龄化的加剧，养老保障成为国家和社会关注的重点问题。某市为了应对人口老龄化问题，推出了财政养老计划。其目的是通过财政支持，提高老年人的生活质量和福利水平。该计划的具体措施包括以下几点。

（1）增加对养老机构的财政投入，提高养老机构的设施和服务水平，为老年人提供更好的居住和护理条件。

（2）建立老年人福利基金，通过财政拨款、社会捐赠等方式筹集资金，为经济困难的老年人提供必要的救助和补贴。在逢年过节时为老年人发放福利，包括各种生活用品和食品，以及一些特别的节日礼物，如红包、春联等。

（3）推行养老保险制度，鼓励企业和个人参加养老保险，为未来的养老提供稳定的资金来源保障。

（4）加强财政监管，确保养老保障资金的安全和有效使用，防止滥用和挪用现象的发生。

通过实施财政养老计划，该市在养老保障方面取得了显著成效，为构建和谐社会、实现老有所养、老有所乐的长远目标奠定了坚实的基础。

**思考：** 财政除了在养老保障中发挥重要作用，在日常生活中还发挥着哪些职能？

## 一、财政的概念及特征

### （一）财政的概念

财政是指国家为了实现其职能和满足社会公共需要，对一部分社会产品进行的集中性分配活动。在日常生活中，财政现象无处不在。国家通过税收、政府收费等方式筹集资金，并通过基础设施建设、社会保障支出、公共服务支出等方式促进社会的全面发展。

### （二）财政的特征

财政的特征主要体现在财政分配的主体、对象、目的等方面。

### 1. 财政分配的主体是国家

财政分配的主体是国家，它包含以下几层含义：第一，国家是财政分配产生的政治前提，非国家主体的分配不属于财政分配；第二，国家在财政分配中处于主动和支配的地位，财政分配的目的、范围、时间等都由国家决定；第三，财政分配是在全社会范围内进行的集中性分配。

**课堂讨论**

企业给职工发工资、政府投资修建地铁都属于财政现象吗？

### 2. 财政分配的对象是一部分社会产品

财政分配的对象是一部分社会产品，其中以剩余产品为主。剩余产品是指劳动者生产的超过必要产品（必要产品指满足劳动者及其家属消费需求的那一部分社会产品）的社会产品。

如果说国家是财政分配产生的政治前提，则剩余产品是财政分配产生的经济前提。但是，国家在财政分配活动中，并不是将所有的剩余产品加以集中，而是将剩余产品的一部分，通过征税、收费、举债（发行债券和向银行借款）等方式从企业、单位和个人手中集中起来。

**财经视野**

#### 社会总产品的价值

一般情况下，社会总产品的价值由以下几部分构成（见图1-1）：一是生产过程中消耗掉的生产资料转移价值（C），即物质消耗；二是相当于劳动报酬的那部分必要产品的价值（V）；三是剩余价值（M）。

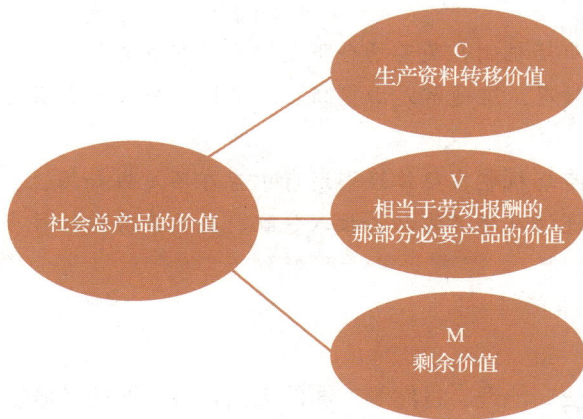

图 1-1    社会总产品的价值构成

> 剩余价值是剩余产品的价值形式，指剩余劳动的价值。其中，剩余劳动是劳动者在必要劳动（维持自己及其家属的生活所必须付出的那一部分劳动）之外所付出的劳动。财政收入主要取自剩余价值。

### 3．财政分配的目的是满足社会公共需要

社会公共需要是指人们对安全、秩序、公民基本权利、经济发展等社会条件的需要。在现代市场经济条件下，社会公共需要的范围很广。

一方面，国家通过行使其政治职能，保障社会的政治经济秩序稳定及正常运转，满足人们对国防、外交、公安、司法、行政管理等的需要。

另一方面，国家通过行使其社会职能，保障社会经济的发展，满足人们对文化教育、医疗卫生、社会保障、生态环境保护、公共基础设施、基础产业、支柱产业、高风险产业等的需要。

## 二、财政的职能

财政担负着三项基本职能，即资源配置职能、收入分配职能、经济稳定职能。

### （一）资源配置职能

#### 1．资源配置职能的概念

资源配置职能表现为政府介入社会经济运行，实现全社会资源的最优配置。全社会的资源配置是通过市场机制和政府机制的调节来实现的。其中，市场机制对资源配置起基础性作用。但是，资源的最优配置仅仅依靠市场机制的调节并不能实现，还需要政府这只"有形的手"引导资源的流向，弥补市场失灵和市场缺陷。

### 财经术语

市场失灵是指市场机制在某些场合下无法有效配置资源，导致资源利用效率较低或社会福利损失的情况。这通常是由垄断、外部性、公共产品供给不足、信息不对称等原因造成的。

市场缺陷是指市场机制在整体经济运行中存在不足或局限性。它不仅仅关注资源配置的效率问题，还涉及经济波动、收入分配、公共产品供给等多个方面。

#### 2．资源配置职能的主要内容
##### 1）调节资源在不同地区之间的配置

在我国，由于历史、地理、自然等方面的因素，各地区的经济发展很不平衡。单靠市场机制不能解决资源向落后地区流动的问题，政府需要利用税收、投资、财政补贴等手段，加大对落后地区的帮扶力度。

### 2）调节资源在产业部门之间的配置

政府可以利用税收、投资、财政补贴等手段调节社会资金的流向，将投资引向国民经济发展中的基础产业，如能源、交通等，保证国民经济各部门和各产业的协调发展，从而构建合理的产业结构。

---

**经典案例**

#### 小型微利企业在税收优惠政策下的成长之路

某企业为一家小型微利企业，主要从事电子商务业务，由于业务规模较小，其净利润率一直不高。在国家发布小型微利企业的税收优惠政策后，该企业的应纳税所得额从 60 万元减少到 15 万元。这一变化不仅直接减轻了该企业的税收负担，提高了该企业的净利润率，更为其提供了宝贵的资金流支持。

政府通过税收手段，引导社会资金流向小型微利企业这一基础而重要的经济部门，为其在电子商务行业中的竞争提供了更多的可能性，有助于促进国民经济各部门和各产业的协调发展。

---

### 3）调节资源在政府部门和非政府部门之间的配置

各部门支配的资源应与其承担的责任相适应，资源过多或过少都不符合优化资源配置的要求。一般情况下，政府可以通过优化税收结构、加强税收监管、控制政府支出等手段，调节资源在政府部门和非政府部门之间的配置。

## （二）收入分配职能

### 1. 收入分配职能的概念

收入分配职能表现为政府调整国民收入在各分配主体之间的分配比例，从而实现全社会范围内的公平分配。

### 2. 收入分配职能的主要内容

#### 1）调节个人收入水平

收入分配职能的首要内容就是调节个人收入水平，从而防止贫富悬殊，促进社会逐步实现共同富裕。一般情况下，政府既可以通过征收个人所得税来缩小个人收入之间的差距，还可以通过社会保障支出、财政补贴等方式，将财政资金直接转移给低收入群体，以保障他们的基本生活和福利水平。

#### 2）调节地区收入水平

城乡地区收入水平不均衡的现象比较常见，因此政府需要通过财政补贴、税收优惠等方式，增加欠发达地区的财力，促进欠发达地区经济的发展和地区间的同步发展。

#### 3）调节企业利润水平

政府通过征税的方式，可以调节非市场因素给企业带来的超额利润，从而剔除或减少这些非市场因素（如垄断地位、资源特权、行政干预等）对企业利润水平的不当影响。这有助于为企业创造一个公平竞争的外部环境，确保企业的利润水平能够真实地反映其经营管理水平和实际经营状况。

## 经典案例

### 调整最低工资标准，助力经济平稳发展

在社会经济快速发展的背景下，某省人力资源社会保障厅积极响应国家关于保障劳动者权益、促进收入分配公平的号召，从 2024 年 1 月 1 日起调整全省最低工资标准。该省最低工资标准由月最低工资标准和小时最低工资标准组成。月最低工资标准适用于全日制就业劳动者，小时最低工资标准适用于非全日制就业劳动者。

根据不同的行政区域类别，月最低工资标准和小时最低工资标准也会有所不同，具体如下：一类行政区域月最低工资标准为 2 100 元，小时最低工资标准为 20.6 元；二类行政区域月最低工资标准为 2 000 元，小时最低工资标准为 19.6 元；三类行政区域月最低工资标准为 1 800 元，小时最低工资标准为 17.6 元。

通过调整最低工资标准，该省在一定程度上缩小了不同区域、不同就业形态之间的收入差距，促进了收入分配的公平性，有助于缓解社会贫富差距，增强社会的凝聚力和稳定性。

### （三）经济稳定职能

#### 1. 经济稳定职能的概念

经济稳定职能表现为政府利用税收、公共投资、转移支付等财政手段及其他经济手段，促进社会需求与社会供给相适应，进而实现充分就业、物价稳定、经济增长、国际收支平衡等经济目标。

## 财经术语

转移支付是指政府将财政收入中的一部分用于向特定的地区、企业、家庭或个人提供资金支持的财政支出方式。这些资金通常用于文化、教育、科技、环保、社会保障等方面。

#### 2. 经济稳定职能的主要内容

##### 1）通过政府预算政策调节经济

当经济繁荣时，由于社会总需求大于社会总供给，政府可以实行政府预算"收大于支"的结余政策，减少支出或增加税收，以抑制总需求。当经济萧条时，由于社会总需求小于社会总供给，政府可以实行政府预算"支大于收"的政策，增加支出或减少税收，以扩大总需求。

2）通过制度性安排，发挥财政的"内在稳定器"作用

财政的"内在稳定器"作用主要表现在财政收入和财政支出两个方面。

在财政收入方面，当经济过热时，由于企业和居民的收入增加，政府可以相应地提高税率，降低企业和居民的税后收入，从而抑制总需求和经济过热；当经济萧条时，由于企业和居民的收入减少，政府可以相应地降低税率，增加企业和居民的税后收入，从而扩大总需求，刺激经济复苏和发展。

在财政支出方面，当经济繁荣时，由于失业人数减少，政府可以减少在社会保障、救济、福利等方面的支出；当经济萧条时，由于失业人数增加，政府可以增加在社会保障、救济、福利等方面的支出，从而刺激经济复苏和发展。

## 任务拓展

大家上小学时享受"两免一补"政策和义务教育待遇，上大学时可以申请助学金、奖学金；看病时享受医疗保险；退休后有养老保险。这些都属于日常财政现象。请两人一组，选取与惠民新政策相关的日常财政现象，结合财政的某项职能进行分析。

# 任务二　财政收入

## 任务导入

### 揭开古代赋税的神秘面纱

夏朝是中国历史上的第一个王朝，其财政征收方式是"贡"，即臣子将物品进献给君王。但"贡"的数量、时间不固定，只能算是"税"的雏形。

随着时间的推移，"赋"的概念逐渐兴起。"赋"原指军赋，即君王向臣子征集的军役和军用品。事实上，国家征集的收入不仅局限于军赋，还涉及关口、集市、山地、水面等，主要用于国家其他方面的支出。此时，"赋"已具有"税"的基本特征。

公元前594年，鲁国实行初税亩，即按平均产量对土地征税。这一举措标志着税收制度进入了一个全新的发展阶段。后来，"赋"和"税"往往并用，统称赋税。

自秦汉起，赋税通常指按地、丁、户征收的土地税、壮丁税、户口税。明朝摊丁入亩，即将壮丁税、户口税合并到土地税一并课征。清末，赋税逐渐成为多种税的统称，成为国家财政收入与治理国家的重要工具。

（资料来源：郑在柏，《财政金融基础》，苏州大学出版社，2023年）

思考：古代赋税的形式有哪些？现代财政收入的形式又有哪些？

## 一、财政收入的分类

### （一）按收入形式分类

财政收入的形式是指政府取得财政收入所采取的方式。按收入形式的不同，财政收入可分为税收收入、国有资产收益、国债收入、收费收入和其他收入。

#### 1. 税收收入

税收收入是政府凭借政治权力，依照法律法规，强制、无偿、固定地取得的财政收入。在现代经济条件下，税收收入是财政收入的基本形式和主要来源。

#### 课堂讨论

在日常生活中，你能接触到哪些种类的税收？

#### 2. 国有资产收益

国有资产收益是政府凭借国有资产所有权，从国有资产经营中获得的利润、股息等收入的总称。这些收入通常来源于国有企业、国有控股企业或国家直接持有的资产。

#### 3. 国债收入

国债收入是政府以其信用为基础，按照有偿性原则，通过借贷方式获取的财政收入。它在平衡预算中发挥着重要作用，可以用来弥补财政赤字。

#### 财经术语

因为会计上通常用红色字体表示年度财政支出大于财政收入的差额，所以该差额被称为"财政赤字"，也被称为"预算赤字"。

#### 4. 收费收入

收费收入是政府或相关机构在提供特定服务或发挥管理职能时，依法向受益者收取的费用。这些费用主要用于补偿提供服务的成本，确保服务的质量和可持续性。一般情况下，这些费用包括但不限于行政事业性收费（如登记费）、使用费（如高速公路通行费）、专项收费（如排污费）。

#### 5. 其他收入

其他收入是除了税收收入、国有资产收益、国债收入和收费收入以外的收入。常见的其他收入包括彩票公益金收入、罚没收入、捐赠收入和国有资源（资产）有偿使用收入，如表1-1所示。

表 1-1　常见的其他收入

| 类型 | 含义 |
| --- | --- |
| 彩票公益金收入 | 政府按照规定比例从彩票销售收入中提取的，用于社会福利、体育等公益事业的资金 |
| 罚没收入 | 公安、司法、海关、工商行政管理、税务等部门，对违章和违法者进行经济处罚时取得的财政收入，包括罚款收入和没收物品变现收入 |
| 捐赠收入 | 社会各界出于自愿、无偿的原则，向政府捐赠的资金 |
| 国有资源（资产）有偿使用收入 | 政府凭借国有资源（资产）的所有权，通过出租、转让等方式取得的收入。例如，土地出让金收入、探矿权和采矿权的使用费 |

### （二）按行政归属分类

按行政归属的不同，财政收入可分为中央财政收入和地方财政收入。

#### 1. 中央财政收入

中央财政收入是指按照财政预算法和财政管理体制的规定，由中央政府管理和使用的财政资金。中央财政收入主要来源于国家税收中属于中央的税收、中央政府所属企业的国有资产收益、中央和地方共享收入中的中央分成收入、地方政府向中央政府上交的收入、国债收入等。

#### 2. 地方财政收入

地方财政收入是指按照财政预算法和地方财政法的规定，由地方政府筹集和支配使用的财政资金。地方财政收入主要来源于地方税收、地方政府所属企业的国有资产收益、中央和地方共享收入中的地方分成收入，以及上级政府的返还和补助收入等。

## 二、财政收入的规模

财政收入的规模是指一定时期内（通常为一年）财政收入来源的总量。财政收入的规模如果过大，会制约居民的消费水平，影响企业的扩大再生产能力；财政收入的规模如果过小，则不能满足居民对公共产品的正常需求，从而降低经济效率。因此，财政收入的规模既要满足政府的需要，又要保证经济的持续增长。

### （一）财政收入规模的衡量

#### 1. 财政收入规模的绝对量

财政收入规模的绝对量是指一定时期内财政收入的实际数量。例如，1950 年我国财政收入总额约为 62 亿元，2023 年我国财政收入总额约为 216 784 亿元，我国财政收入总额在 73 年增长了 3 000 多倍。这些都是关于财政收入绝对量的表述。

### 2. 财政收入规模的相对量

财政收入规模的相对量是指在一定时期内财政收入与有关经济指标的比率，通常用财政收入占国内生产总值（GDP）的比重来表示。

财政收入占国内生产总值的比重，又称"财政依存度"，它是衡量一个国家或地区经济运行质量的重要指标。一般情况下，财政收入占国内生产总值的比重越高，说明国家或地区的财力越充足。

### 📋 财经术语

　　GDP 是国内生产总值的简称，是指一个国家或地区的所有常住单位，在一定时期（通常为一个季度或一年）所生产的最终产品和提供的服务的价值总和，反映了一个国家或地区的经济实力和市场规模。

### （二）影响财政收入规模的因素

保持财政收入持续稳定增长是各国政府主要的财政目标。但财政收入的规模和增长速度受各种政治、经济条件的制约和影响，这些条件包括经济发展水平、分配制度和分配政策、税收、价格变动等。

#### 1. 经济发展水平

经济发展水平是影响一个国家财政收入规模的决定性因素。经济发展水平一般用人均GDP 来表示，是对居民生活丰裕程度和经济效益高低的概括性说明。一个国家的人均 GDP 高，说明该国的经济发展水平相对较高，其财政收入规模也较大。

#### 2. 分配制度和分配政策

社会产品被生产出来之后，要在政府、企业和个人之间进行一系列的分配和再分配。在我国，国家制定的国民收入分配制度和分配政策决定了政府、企业和个人在国民收入分配中所占的份额，进而影响财政收入规模。不过，它们对财政收入规模的影响较小。

#### 3. 税收

税收是影响财政收入规模的重要因素。通过调整税收政策，政府可以调节财政收入的规模。例如，提高税率或扩大税基会增加财政收入的规模，降低税率或缩小税基会减少财政收入的规模。此外，税收征管如果存在漏洞或效率低下，会导致税款流失或财政收入减少，从而影响财政收入的规模。

### 📋 财经术语

　　税基又称"计税依据"，是对征税对象在数量上的具体化，可直接据此计算征税对象的应纳税额。例如，企业所得税的征税对象是企业的全部所得额，而税基是依法扣除相关项目后的应税所得额。

#### 4．价格变动

财政收入通常以一定的货币量来表示，并按照现行价格水平来计算。在其他条件一定的情况下，某个财政年度的价格水平上升，该年度的名义财政收入就会增加，但这种财政收入的增加并不代表财政收入的真正增长。

### 任务拓展

两人一组，探讨各类财政收入的稳定性及可持续性。

## 任务三 税收收入

### 任务导入

#### 给偷逃税者戴上"紧箍"

2021年4月29日，社交媒体爆出"1.6亿元片酬""日均薪酬208万元"等新闻，引起网友热议。

中国视协电视界职业道德建设委员会发出《电视艺术工作者要遵纪守法，恪守艺德底线》的倡议。该倡议指出，无德莫谈艺，遵纪守法是艺德最基本的体现，是一名文艺工作者的行为底线。依法纳税是宪法规定的每个公民的基本义务和爱国守法的道德义务。

早在2018年，中央和国家有关部门印发《关于进一步规范影视行业税收秩序有关工作的通知》，要求加强对影视行业偷逃税、"天价片酬"等问题的治理。2020年，国家广播电视总局出台《关于进一步加强电视剧网络剧创作生产管理有关工作的通知》，对演员片酬标准做出明确规定。2021年1月，中国文学艺术界联合会出台自律公约，要求文艺工作者坚决抵制偷税漏税、签署"阴阳合同"、索取"天价片酬"等行为。

（资料来源：赵超、章斐然，《中国视协：不为无德艺人提供发声露脸机会》，

人民网，2021年4月29日）

**思考**：国家为什么要强制征税？为什么说依法纳税是每个公民的基本义务？

## 一、税收的特征

税收的特征包括强制性、无偿性和固定性。

### （一）强制性

税收的强制性是指国家以社会管理者的身份，通过颁布法律或政令强制征税。任何纳税人都必须依法纳税，任何征税机关都必须依法征税，否则征纳双方就要承担相应的法律责任。

### （二）无偿性

税收的无偿性是指国家征税后，既不需要将税款归还给纳税人，也不需要向纳税人支付任何报酬。税收的无偿性是对个体纳税人而言的，对全体纳税人而言，税收是有偿的，具体表现为国家为社会全体成员提供公共产品和公共服务。

### （三）固定性

税收的固定性是指国家在征税前，规定了征税标准，包括纳税人、征税对象、税率等。这些标准一经确定，在一定时期内是相对稳定的，不会随意变动。

### 课堂讨论

探讨税收的强制性、无偿性和固定性之间的关系。

## 二、税收的职能

### （一）财政收入的主要来源

税收作为财政收入的主要来源，其征收标准由国家税法规定，相对稳定；其征收范围广泛，包括企业、个人等各类纳税人；其规模较大，能够满足国家发展的需要。

### （二）调控宏观经济运行的重要手段

政府可以通过增税与减免税等手段来影响社会成员的经济利益，引导企业、个人的经济行为，影响资源配置和社会发展，从而达到调控宏观经济运行的目的。

### （三）调节收入分配的重要工具

税收作为国家参与国民收入分配最主要的形式，能调整政府、企业和个人之间的分配比例。具体来说，不同的税种在分配领域发挥着不同的作用。例如，个人所得税具有高收入者适用高税率、低收入者适用低税率或不征税的特征，这有助于调节收入分配，促进社会公平；消费税是一种针对特定消费品征收的税种，能达到调节收入分配和引导消费的目的。

### （四）实现管理监督的重要途径

税收涉及社会生产、流通、分配、消费等领域，能够综合反映国家经济运行的质量和效率。政府既可以根据税收收入的增减及税源的变化，及时掌握宏观经济的发展趋势，也可以在税收征管活动中了解微观经济状况，监督企业是否遵守税收制度和财经纪律，及时发现并纠正企业的偷税漏税、贪污等违法犯罪行为，从而维护国家的利益。

## 三、税收的要素

### （一）纳税人

纳税人又称"纳税义务人""纳税主体"，是税法规定的直接负有纳税义务的单位和个人。政府通过规定每一种税的纳税人来落实税收任务和法律责任。例如，房产税的纳税人是房屋的产权所有人；环境保护税的纳税人是在中华人民共和国领域和中华人民共和国管辖的其他海域，直接向环境排放应税污染物的企事业单位（企业和事业单位的简称）和其他生产经营者。

### （二）征税对象

征税对象是指对什么征税，是税法规定的征税目的物，是区分不同税种的重要标志。例如，房产税的征税对象是房屋，环境保护税的征税对象是大气污染物、水污染物、固体废物和噪声。

### 📖 财经视野

#### 税　目

与征税对象有密切联系的是税目。税目是税法中规定的各税种的具体征税项目，是征税对象的具体化，反映了具体的征税范围。有些税种的征税范围较窄，不需要设置税目，如企业所得税；有些税种的征税范围较广，需要设置税目，如消费税、资源税、印花税等。

规定税目的目的包括以下两点：一是明确征税范围，体现征税的广度；二是对具体的征税项目进行界定和归类，以便针对不同的税目设置差别税率，从而充分发挥税收的调节作用。

## （三）税率

税率是税法针对不同的征税对象确定的征收比例或征收额度。它是计算税额的尺度，也是衡量税负轻重的重要标志。我国现行的税率主要有比例税率、累进税率和定额税率，如表1-2所示。

表1-2　我国现行的税率

| 类型 | | 含义 | 适用税种 |
|---|---|---|---|
| 比例税率 | | 对同一征税对象或同一税目，不考虑数额的大小，按相同的比例征税 | 增值税、企业所得税 |
| 累进税率 | 超额累进税率 | 把征税对象按数额的大小分成若干等级，每一等级规定一个税率。征税对象每超过一个等级，对超过部分就按高一级的税率征税，各等级应纳税额之和为纳税人的应纳税总额 | 个人所得税（综合所得、经营所得） |
| | 超率累进税率 | 把征税对象按数额的相对率（如增值率，增值额与扣除项目金额的比率）分成若干等级，并分别规定相应的差别税率。相对率每超过一个等级，对超过的部分就按高一级的税率征税，各等级应纳税额之和为纳税人的应纳税总额 | 土地增值税 |
| 定额税率 | | 按征税对象的计量单位，以固定的单位税额征税 | 车船税、城镇土地使用税 |

## 四、我国主要的税种

### （一）增值税

增值税是对从事产品生产、经营的单位和个人，在生产制造、批发零售的每一个周转环节，以产品销售或营业服务所取得的增值额为征税对象，按单一税率征收的一种流转税。征收增值税有利于增加财政收入，促进生产专业化和生产结构合理化，调节经济增长。

#### 1. 纳税人

增值税的纳税人是指在中华人民共和国境内（以下简称"中国境内"）销售或进口货物，提供加工、修理修配劳务，销售应税服务、不动产等，税法规定的负有缴纳增值税义务的单位和个人。

按经营规模和会计核算健全程度的不同，增值税的纳税人可分为一般纳税人和小规模纳税人，如表1-3所示。

表 1-3 增值税的纳税人

| 纳税人 | 认定标准 | 特殊规定 | |
|---|---|---|---|
| 一般纳税人 | 年应税销售额>500 万元 | 年应税销售额未超过规定标准的纳税人，会计核算健全并能够提供准确税务资料的，可以向主管税务机关申请登记为一般纳税人 | |
| 小规模纳税人 | 年应税销售额≤500 万元 | 年应税销售额超过规定标准的其他个人（自然人） | 可选择按小规模税人纳税 |
| | | 年应税销售额超过规定标准的非企业性单位、不经常发生应税行为的企业 | |

注：（1）年应税销售额是指纳税人在连续不超过 12 个月的经营期内累计应征增值税销售额。
（2）会计核算健全是指纳税人能够按照国家统一的会计制度规定设置账簿，并能够根据合法、有效的凭证进行核算。

### 2．征税范围

#### 1）销售或进口货物

销售货物是指有偿转让货物所有权的行为。其中，货物是指有形动产，包括电力、热力、气体等。进口货物是指将货物从中国境外移送至中国境内的行为。

#### 2）销售劳务

销售劳务是指有偿提供加工或修理修配劳务的行为。其中，加工是指委托方提供原料及主要材料，受托方按照委托方的要求，制造货物并收取加工费的行为；修理修配是指受托方对损伤或丧失功能的货物进行修复，使其恢复原状和功能的行为。

#### 3）销售服务

销售服务是指有偿提供交通运输服务、邮政服务、电信服务、建筑服务、金融服务、现代服务、生活服务等服务的行为。

#### 4）销售无形资产

销售无形资产是指有偿转让无形资产所有权或使用权的行为。无形资产是指不具备实物形态，但能带来经济利益的资产，包括专利权、非专利技术、商标权、著作权、特许权、土地使用权等。

#### 5）销售不动产

销售不动产是指有偿转让不动产所有权的行为。不动产是指不能移动或移动后会引起性质、形状改变的资产，如建筑物、构筑物等。其中，建筑物是指住宅、商业营业用房、办公楼等可供居住、工作或者进行其他活动的建造物，构筑物是指道路、桥梁、隧道、水坝等建造物。

### 3．税率

增值税采用比例税率。2019 年 4 月 1 日起，我国对一般纳税人采用的增值税税率分为 13%、9%、6%。一般纳税人出口货物，增值税税率为零，但国务院另有规定的除外。境内单位和个人跨境销售国务院规定范围内的服务、无形资产，税率为零。为了简化计税，我国对小规模纳税人一般采用 3%的征收率（应纳税额与销售额的比率）。

## （二）消费税

消费税是指对特定消费品和消费行为征收的一种税。征收消费税有利于增加财政收入，促进产业结构的合理化。

### 1. 纳税人

消费税的纳税人是指在中国境内（起运地或者所在地在境内）生产、委托加工和进口《中华人民共和国消费税暂行条例》（以下简称《消费税暂行条例》）规定的消费品的单位和个人，以及国务院确定的销售《消费税暂行条例》规定的消费品的其他单位和个人。

### 2. 征税对象

消费税的征税对象是特殊消费品，包括烟，酒，高档化妆品，贵重首饰及珠宝玉石，鞭炮、焰火，成品油，摩托车，小汽车，高尔夫球及球具，高档手表，游艇，木制一次性筷子，实木地板，电池，涂料等。

### 3. 税率

消费税实行比例税率、定额税率、比例税率与定额税率相结合的复合税率。我国现行的消费税税目、税率如表1-4所示。

表1-4　消费税税目、税率

| 税目 | 税率 |
|---|---|
| 一、烟 | |
| 1. 卷烟 | |
| （1）工业 | |
| ① 甲类卷烟 | 56%加0.003元/支（0.6元/条，150元/箱） |
| ② 乙类卷烟 | 36%加0.003元/支（0.6元/条，150元/箱） |
| （2）商业批发 | 11%加0.005元/支（1元/条，250元/箱） |
| 2. 雪茄烟 | 36% |
| 3. 烟丝 | 30% |
| 4. 电子烟 | |
| （1）工业 | 36% |
| （2）商业批发 | 11% |
| 二、酒 | |
| 1. 白酒 | 20%加0.5元/500克（毫升） |
| 2. 黄酒 | 240元/吨 |
| 3. 啤酒 | |
| （1）甲类啤酒 | 250元/吨 |
| （2）乙类啤酒 | 220元/吨 |
| 4. 其他酒 | 10% |

| 税目 | 税率 |
|---|---|
| 三、高档化妆品 | 15% |
| 四、贵重首饰及珠宝玉石 | |
| 1．金银首饰、铂金首饰、钻石及钻石饰品 | 5% |
| 2．其他贵重首饰和珠宝玉石 | 10% |
| 五、鞭炮、焰火 | 15% |
| 六、成品油 | |
| 1．汽油 | 1.52 元/升 |
| 2．柴油 | 1.20 元/升 |
| 3．航空煤油 | 1.20 元/升 |
| 4．石脑油 | 1.52 元/升 |
| 5．溶剂油 | 1.52 元/升 |
| 6．润滑油 | 1.52 元/升 |
| 7．燃料油 | 1.20 元/升 |
| 七、摩托车 | |
| 1．气缸容量（排气量，下同）为 250 毫升的 | 3% |
| 2．气缸容量在 250 毫升以上的 | 10% |
| 八、小汽车 | |
| 1．乘用车 | |
| （1）气缸容量（排气量，下同）在 1.0 升（含 1.0 升）以下的 | 1% |
| （2）气缸容量在 1.0 升以上至 1.5 升（含 1.5 升）的 | 3% |
| （3）气缸容量在 1.5 升以上至 2.0 升（含 2.0 升）的 | 5% |
| （4）气缸容量在 2.0 升以上至 2.5 升（含 2.5 升）的 | 9% |
| （5）气缸容量在 2.5 升以上至 3.0 升（含 3.0 升）的 | 12% |
| （6）气缸容量在 3.0 升以上至 4.0 升（含 4.0 升）的 | 25% |
| （7）气缸容量在 4.0 升以上的 | 40% |
| 2．中轻型商用客车 | 5% |
| 3．超豪华小汽车 | 10% |
| 九、高尔夫球及球具 | 10% |
| 十、高档手表 | 20% |
| 十一、游艇 | 10% |
| 十二、木制一次性筷子 | 5% |
| 十三、实木地板 | 5% |
| 十四、电池 | 4% |
| 十五、涂料 | 4% |

### （三）企业所得税

企业所得税是对中国境内的企业（不包括个人独资企业、合伙企业）和其他取得收入的组织，以其生产经营所得和其他所得为征税对象而征收的一种税。征收企业所得税有利于促进企业改善经营管理活动、提升企业的盈利能力，还有利于调整产业结构、促进经济发展、为国家建设筹集财政资金。

#### 1. 纳税人

企业所得税的纳税人是指在中国境内的企业和其他取得收入的组织（以下统称"企业"）。按不同企业所承担的纳税义务的不同，企业所得税的纳税人可分为居民企业和非居民企业。

（1）居民企业是指依法在中国境内成立的，或者依照外国（地区）法律成立但实际管理机构在中国境内的企业。

（2）非居民企业是指依照外国（地区）法律成立且实际管理机构不在中国境内，但在中国境内设立机构、场所的；或者在中国境内未设立机构、场所，但有来源于中国境内所得的企业。

#### 2. 征税对象

##### 1）居民企业的征税对象

居民企业应就其来源于中国境内和中国境外的所得，缴纳企业所得税。所得包括销售货物所得，提供劳务所得，转让财产所得，股息、红利等权益性投资所得，利息所得，租金所得，特许权使用费所得，接受捐赠所得和其他所得。

### 📝 财经术语

特许权使用费所得是指企业提供专利权、商标权、著作权、非专利技术及其他特许权的使用权取得的所得。

##### 2）非居民企业的征税对象

非居民企业在中国境内设立机构、场所的，应当就其所设机构、场所取得的来源于中国境内的所得，以及发生在中国境外但与其所设机构、场所有实际联系的所得，缴纳企业所得税。

非居民企业在中国境内未设立机构、场所的，或者虽设立机构、场所但取得的所得与其所设机构、场所没有实际联系的，应当就其来源于中国境内的所得缴纳企业所得税。

#### 3. 税率

企业所得税实行比例税率，如表1-5所示。

表 1-5　企业所得税的税率

| 税率 | | 适用对象 |
|---|---|---|
| 基本税率 | 25% | 居民企业；在中国境内设有机构、场所且所得与其所设机构、场所有关联的非居民企业 |
| 优惠税率 | 20% | 符合条件的小型微利企业（应纳税所得额还有额外减计规定） |
| | 15% | 国家重点扶持的高新技术企业；经认定的技术先进型服务企业；其他行业或享受地域性税率优惠政策的企业 |
| 低税率 | 20%（实际减按10%） | 在中国境内未设立机构、场所的，或者虽设立机构、场所但所得与其所设机构、场所没有实际联系的非居民企业 |

## （四）个人所得税

个人所得税是以个人（自然人）取得的各项应税所得为征税对象所征收的一种税，是政府利用税收对个人收入进行调节的一种工具。征收个人所得税在增加财政收入、提高公民的纳税意识、调节个人收入水平等方面具有重要作用。

### 1. 纳税人

个人所得税的纳税人包括中国公民、个体工商户、个人独资企业、合伙企业投资者、在中国有所得的外籍人员等。

根据相关判定标准，个人所得税的纳税人可分为居民个人和非居民个人，他们分别承担不同的纳税义务，如表 1-6 所示。

表 1-6　居民个人和非居民个人的判定标准、纳税义务

| 纳税人 | 判定标准 | 纳税义务 |
|---|---|---|
| 居民个人 | 符合以下两条标准中的其中一条：① 在中国境内有住所的个人，即因户籍、家庭、经济利益关系而在中国境内习惯性居住；② 在中国境内无住所，但一个纳税年度（公历 1 月 1 日至 12 月 31 日）内在中国境内居住累计满 183 天的个人 | 无限纳税义务，即从中国境内和中国境外取得的所得都要缴纳个人所得税 |
| 非居民个人 | 符合以下两条标准中的其中一条：① 在中国境内无住所且不居住的个人；② 在中国境内不居住，且一个纳税年度内在中国境内居住时间累计不满 183 天的个人 | 有限纳税义务，即仅针对来源于中国境内取得的所得缴纳个人所得税 |

注：习惯性居住是指个人在学习、工作、探亲等原因消除之后，没有理由在其他地方继续居留时，所要回到的地方，而不是指实际居住地或在某一特定时期内的居住地。

**课堂讨论**

比尔是一名外籍人员，从 2023 年 1 月 1 日起在中国境内的公司任职，任期为 4 年。2023 年全年共 4 次离境回国向总公司汇报工作，时间分别是 3 月 13 日至 4 月 12 日，6 月 13 日至 7 月 12 日，9 月 13 日至 10 月 12 日，12 月 13 日至次年 1 月 16 日。那么，比尔在中国境内累计居住多少天？他是否应就其来源于中国境内的所得向中国缴纳个人所得税？

## 2．征税对象

个人所得税的征税对象是纳税人取得的各项应税所得。《中华人民共和国个人所得税法》中列举的应税所得共有 9 项，如图 1-2 所示。

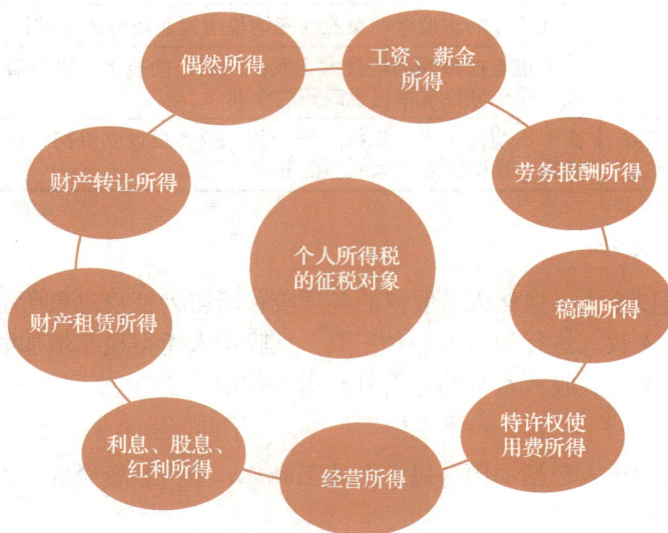

图 1-2　个人所得税的征税对象

## 3．税率

### 1）综合所得适用税率

居民个人每一纳税年度内取得的综合所得包括工资、薪金所得，劳务报酬所得，稿酬所得和特许权使用费所得，适用 3%～45% 的七级超额累进税率，如表 1-7 所示。

表 1-7　综合所得个人所得税税率表

| 级数 | 全年应纳税所得额 | 税率 | 速算扣除数 |
|---|---|---|---|
| 1 | 不超过 36 000 元的 | 3% | 0 |
| 2 | 超过 36 000 元至 144 000 元的部分 | 10% | 2 520 |
| 3 | 超过 144 000 元至 300 000 元的部分 | 20% | 16 920 |
| 4 | 超过 300 000 元至 420 000 元的部分 | 25% | 31 920 |
| 5 | 超过 420 000 元至 660 000 元的部分 | 30% | 52 920 |
| 6 | 超过 660 000 元至 960 000 元的部分 | 35% | 85 920 |
| 7 | 超过 960 000 元的部分 | 45% | 181 920 |

注：（1）本表所称"全年应纳税所得额"是指依照税法的规定，居民个人取得综合所得以每一纳税年度的收入总额减去费用 60 000 元及专项扣除、专项附加扣除和依法确定的其他扣除后的余额。

（2）非居民个人取得工资、薪金所得，劳务报酬所得，稿酬所得和特许权使用费所得，依照本表按月换算后计算应纳税额。

### 2）经营所得适用税率

纳税人每一纳税年度内取得的经营所得适用 5%～35% 的五级超额累进税率，如表 1-8 所示。

表 1-8　经营所得个人所得税税率表

| 级数 | 全年应纳税所得额 | 税率 | 速算扣除数 |
|---|---|---|---|
| 1 | 不超过 30 000 元的 | 5% | 0 |
| 2 | 超过 30 000 元至 90 000 元的部分 | 10% | 1 500 |
| 3 | 超过 90 000 元至 300 000 元的部分 | 20% | 10 500 |
| 4 | 超过 300 000 元至 500 000 元的部分 | 30% | 40 500 |
| 5 | 超过 500 000 元的部分 | 35% | 65 500 |

注：本表所称"全年应纳税所得额"是指依照税法的规定，以每一纳税年度的收入总额减去成本、费用及损失后的余额。

### 3）其他所得适用税率

纳税人取得的利息、股息、红利所得，财产租赁所得，财产转让所得和偶然所得，适用 20% 的比例税率。

## 📖 财经视野

### 居民个人综合所得年应纳税额的计算

居民个人综合所得年应纳税额的计算公式为

年应纳税额=（每一纳税年度的收入总额−60 000 元−专项扣除−专项附加扣除−
　　　依法确定的其他扣除）×适用税率−速算扣除数

每一纳税年度的收入总额=工资、薪金收入+劳务报酬收入×（1−20%）+稿酬收入×
　　　（1−20%）×70%+特许权使用费收入×（1−20%）

其中，专项扣除包括居民个人按照国家规定的范围和标准缴纳的基本养老保险、基本医疗保险、失业保险等社会保险费和住房公积金等。专项附加扣除包括子女教育、继续教育、大病医疗、住房贷款利息或者住房租金、赡养老人和三岁以下婴幼儿照护等支出。

## 任务拓展

依法纳税是每个公民的基本义务。两人一组，分析年收入为 15 万元的大学毕业生需要缴纳多少税（假设不考虑各项扣除）。

# 任务四 国债收入

## 国家为什么要发行国债

××年，M 国发起了反抗 Y 国的战争。这场战争持续了 8 年，耗费了大量的资金，且这些资金大部分是 M 国向 F 国和 H 国筹借的。战争结束后，M 国虽然取得了胜利，但面临着一大笔债务，这使得国家财政陷入了困境。为了解决这个问题，M 国决定发行国债，用新发行的国债来抵扣曾经欠下的旧债款。随后，M 国的经济不断发展，债务也并没有成为负担，反而成为国家增加收入的主要手段之一。

思考：在上述案例中，M 国发行国债的目的是什么？此外，国债还有哪些功能？

## 一、国债的概念及特征

### （一）国债的概念

国债是国家债券的简称，是一国政府为了筹措资金而向投资者出具的，承诺在一定时期支付利息和还本到期的债务凭证。

由于国债的发行主体是国家，是国家信用的重要组成部分和基本形式，所以它具有较高的信用度。

### （二）国债的特征

国债具有自愿性、有偿性和灵活性的特征。

#### 1. 自愿性

自愿性表现为国债的认购应建立在认购者自愿承受的基础上，是否认购或认购多少完全由认购者视个人情况自主决定。自愿性是国债收入与税收收入的明显区别。

#### 2. 有偿性

有偿性表现为政府通过发行国债筹集到的财政资金，需要作为债务并按期偿还。此外，政府还要按照事先规定的条件向认购者支付一定的报酬，即利息。有偿性也是国债收入与税收收入的重要区别。

### 3．灵活性

灵活性表现为国债发行与否、发行多少，一般完全由中央政府根据情况灵活地加以确定，而非通过法律形式预先规定。灵活性是国债所具有的突出特征。但是，国债的灵活性是相对而言的。许多国家的立法机关会根据政府的财政负担能力规定负债的最高限额，从而对国债总规模加以控制。

## 二、国债的功能

### （一）弥补财政赤字

财政赤字一般可以通过增加税收、增发货币和发行国债来弥补。与增加税收、增发货币相比，政府通过发行国债来弥补财政赤字，只是暂时转移社会资金的使用权，既不会招致纳税人的不满，也不会无端增加货币流通量，还可以帮助政府快速取得所需资金。

### （二）筹集建设资金

对大多数发展中国家来说，建设资金的相对不足往往是制约其经济发展的重要原因。因为税收收入有限，且其主要用于满足政府经常性支出的需要，而增发货币又很可能导致货币的购买力下降，物价上涨，从而破坏经济的稳定。因此，许多国家会通过发行国债来获取长期、稳定的建设资金，以加快经济的发展速度。

### （三）调节宏观经济

一个国家的经济发展遵循经济运行的基本规律，即增长与停滞、繁荣与萧条交替出现。为了降低经济萧条带来的损失和调节经济的周期性波动，政府需要采取一定的政策手段。

当一国经济萧条、市场需求不足时，政府可以通过发行国债将闲置资金聚集起来并投入基础设施建设、社会福利事业等领域，以缓解供求矛盾，刺激经济增长。当一国经济过热、国民投资热情高涨、货币流通量过大时，政府可以通过增加国债的发行量，并设定有吸引力的利率，吸引投资者将资金从其他市场转移到国债市场，以减少货币流通量。

## 三、国债的分类

### （一）按发行地域分类

按发行地域的不同，国债可分为国内国债和国外国债，如表 1-9 所示。

表 1-9　国债按发行地域分类

| 类型 | 具体内容 |
|------|----------|
| 国内国债 | 政府在国内发行的国债，其债权人主要是本国公民、法人和其他组织。国内国债的还本付息多以本国货币支付 |
| 国外国债 | 政府在本国境外发行的国债，其债权人主要是外国的政府、法人、社会组织和自然人。国外国债的还本付息多以外国货币支付 |

## （二）按债务主体分类

按债务主体的不同，国债可分为中央政府国债和地方政府国债，如表 1-10 所示。

表 1-10　国债按债务主体分类

| 类型 | 具体内容 |
|------|----------|
| 中央政府国债 | 由中央政府发行的国债，具有发行规模大、涉及范围广的特点 |
| 地方政府国债 | 由地方政府发行的国债，用于地方政府投资特定项目，并由地方政府负责清偿 |

## （三）按偿还期限分类

按偿还期限的长短，国债可分为短期国债、中期国债和长期国债，如表 1-11 所示。

表 1-11　国债按偿还期限分类

| 类型 | 具体内容 |
|------|----------|
| 短期国债 | 发行期限在 1 年以内的国债，具有周转期短和流动性大的特点。短期国债对货币流通、借贷资本市场的供需和利率变动有着较大的影响，是政府调节货币流通量的重要工具之一 |
| 中期国债 | 发行期限在 1 年以上、10 年以内的国债。在各国发行的国债中，中期国债占比较重，它是各国发行国债的首选类别 |
| 长期国债 | 发行期限在 10 年以上的国债。长期国债通常在国家遇到重大变故或投资重大经济项目，需要支付巨额资金而政府在数年之内又无力偿还的情况下发行 |

## 📖 财经视野

### 永久国债

　　永久国债属于特殊的长期国债，是指发行时未标明偿还期限，国债持有者可按期领取利息的一种国债。政府有权根据财政状况发行永久国债，且按市场价格随时收回，国债持有者无权要求政府清偿本金。

**课堂讨论**

某地政府为修建城市轨道，发行 5 年期国债。该国债属于哪种类型？

### （四）按能否自由流通分类

按能否自由流通，国债可分为可转让国债和不可转让国债，如表 1-12 所示。

表 1-12 国债按能否自由流通分类

| 类型 | 具体内容 |
| --- | --- |
| 可转让国债 | 又称"上市国债"，是能在证券市场上公开买卖的国债。认购者在需要现金时，可以灵活地出售其拥有的可转让国债。政府利用可转让国债的流动性，不仅可以调节国家债务总额及构成，还可以调节金融市场 |
| 不可转让国债 | 又称"非上市国债"，是不能在证券市场上公开买卖的国债。不可转让国债一般规定较长的认购期限，并采用记名的方式发行。对于不可转让国债，政府会给予认购者较高的利息率或其他优待条件 |

### （五）按用途分类

按用途的不同，国债可分为赤字国债、建设国债、特别国债和战争国债，如表 1-13 所示。

特别国债

表 1-13 国债按用途分类

| 类型 | 具体内容 |
| --- | --- |
| 赤字国债 | 用于弥补财政赤字的国债 |
| 建设国债 | 用于支持国家建设项目的国债 |
| 特别国债 | 为实施某种特殊政策，在特定范围内或为特定用途而发行的国债 |
| 战争国债 | 用于弥补战争费用的国债 |

### （六）按形式分类

按形式的不同，国债可分为无记名（实物）国债、储蓄国债和记账式国债，如表 1-14 所示。

表 1-14 国债按形式分类

| 类型 | 具体内容 |
| --- | --- |
| 无记名（实物）国债 | 一种实物债券，以实物券的形式记录债权，其面值不等，不记名、不挂失、可上市流通 |

续表

| 类型 | 具体内容 |
|------|----------|
| 储蓄国债 | 由政府仅面向个人投资者发行，以吸收个人储蓄资金为目的，满足长期投资需求，不可流通且记名的国债。按记录债权形式的不同，储蓄国债又可分为凭证式国债和电子式储蓄国债。凭证式国债是以"中华人民共和国凭证式国债收款凭证"记录债权的储蓄国债，是一种纸质凭证形式的储蓄国债；电子式储蓄国债是以电子记账方式记录债权的储蓄国债 |
| 记账式国债 | 由财政部使用无纸化方式，通过证券交易所的交易系统发行和交易，以电脑记账方式记录债权，可以记名、挂失、上市交易的国债 |

注：1993 年以前，我国发行的国债主要为无记名国债。随着国债市场投资条件和环境的改善，财政部从 1998 年开始停止发行无记名国债。

## 任务拓展

两人一组，通过查阅资料了解我国发行特别国债的次数、时间和背景，并分析其发行目的。

# 项目考核

## 一、单选题

1. 财政收入的主要来源是（　　　）。

   A．税收　　　　　　　　　　　B．收费收入

   C．国债收入　　　　　　　　　D．国有资产收益

2. （　　　）是指对同一征税对象或同一税目，不考虑数额的大小，按相同的比例征税。

   A．超额累进税率　　　　　　　B．超率累进税率

   C．定额税率　　　　　　　　　D．比例税率

3. 下列选项中，不属于国债的功能的是（　　　）。

   A．弥补财政赤字　　　　　　　B．筹集建设资金

   C．实现管理监督　　　　　　　D．调节宏观经济

4. （　　　）可以弥补财政赤字，既不会招致纳税人的不满，也不会无端增加货币流通量。

   A．向中央银行借款　　　　　　B．增设税种

   C．提高税率　　　　　　　　　D．发行国债

5. （　　　）又称"上市国债"，是能在证券市场上公开买卖的国债。

   A．可转让国债　　　　　　　　B．无记名国债

   C．储蓄国债　　　　　　　　　D．记账式国债

## 二、多选题

1. 收入分配职能的主要内容包括（　　　）。
   - A．调节个人收入水平
   - B．调节地区收入水平
   - C．调节企业利润水平
   - D．调节资源在不同地区之间的配置
2. 税收的特征包括（　　　）。
   - A．自愿性
   - B．强制性
   - C．固定性
   - D．无偿性
3. 影响财政收入规模的因素包括（　　　）。
   - A．经济发展水平
   - B．价格变动
   - C．分配制度和分配政策
   - D．税收
4. 税收的要素包括（　　　）。
   - A．纳税人
   - B．税率
   - C．征税对象
   - D．利率
5. 按用途的不同，国债可分为（　　　）。
   - A．赤字国债
   - B．建设国债
   - C．特别国债
   - D．战争国债

## 三、简答题

1. 简述财政的职能。
2. 简述税收的职能。
3. 简述个人所得税的征税对象。

# 项目综合评价

指导教师可以根据学生的课堂表现、任务拓展的完成情况、项目考核情况对其进行评价。学生配合指导教师共同完成项目综合评价表（见表 1-15）。

表 1-15  项目综合评价表

| 班级 | | | 组号 | | | 日期 | |
|---|---|---|---|---|---|---|---|
| 姓名 | | | 学号 | | | 指导教师 | |
| 学习成果 | | | | | | | |

| 评价维度 | 评价指标 | 评价标准 | 分值 | 评价分数 | |
|---|---|---|---|---|---|
| | | | | 自评 | 师评 |
| 素养评价<br>（20 分） | 学习态度 | 刻苦认真，勇于钻研 | 5 | | |
| | 纪律意识 | 遵守课堂纪律，认真完成作业 | 5 | | |
| | 互动意识 | 积极发言，完成课堂互动 | 5 | | |
| | 团队精神 | 尊师爱友，积极合作，团结奋进 | 5 | | |
| 知识评价<br>（20 分） | 基础知识 | 掌握财政的特征和职能 | 4 | | |
| | | 掌握财政收入的分类和规模 | 4 | | |
| | | 掌握税收的特征、职能和要素 | 4 | | |
| | | 了解我国主要的税种 | 4 | | |
| | | 掌握国债的特征、功能和分类 | 4 | | |
| 能力评价<br>（20 分） | 实际运用能力 | 能够运用所学知识解释生活中的财政现象 | 10 | | |
| | 分析能力 | 能够分析税收收入与国债收入的异同 | 10 | | |
| 成果评价<br>（40 分） | 任务拓展 | 能够结合财政的某项职能分析日常财政现象 | 8 | | |
| | | 能够全面、准确地分析各类财政收入的稳定性及可持续性 | 8 | | |
| | | 掌握纳税相关知识，能够准确地进行税收计算 | 8 | | |
| | | 清晰地了解我国发行特别国债的次数、时间和背景，并能够准确地分析其发行目的 | 8 | | |
| | 项目考核 | 能够迅速、准确地完成相应习题 | 8 | | |
| 合计 | | | 100 | | |
| 总评 | 自评（30%）+师评（70%）= | | | 教师（签名）： | |

# 项目二
# 财政支出

## 项目导读

　　财政支出与财政收入一起构成了财政分配的完整体系，财政收入是财政支出的基础，财政支出是财政收入的目的和归宿。通过学习财政支出的相关知识，学生可以了解财政支出的原则，以及政府通过财政支出调节经济、稳定社会的过程。本项目主要介绍了财政支出、购买性支出和转移性支出。

## 学习目标

### 知识目标

（1）掌握财政支出的原则、分类和规模。

（2）掌握购买性支出的内容和作用。

（3）掌握转移性支出的内容和作用。

### 能力目标

（1）能够区分购买性支出和转移性支出。

（2）能够根据所学知识分析我国财政支出的趋势。

### 素养目标

（1）坚定爱党、爱国的信念。

（2）强化服务社会的热情和责任感。

## 法策之窗

　　《中华人民共和国预算法》《中华人民共和国预算法实施条例》明确了财政资金的支出范围，为政府通过财政支出调节经济提供了法律依据，有助于提高财政资金使用的规范性、安全性和有效性，保障经济社会的健康发展。

　　扫一扫右边的二维码，了解与本项目相关的法律法规及政策文件。

项目二相关的法律法规
及政策文件

# 任务一　财政支出

### 财政资金都花在了哪些地方

　　一个人，从其出生于医院，幼儿时期上幼儿园，学龄期进入小学，长大后进入中学、大学等，都享受着政府提供的公共设施与服务；参加工作以后，一旦失业，可以依靠政府提供的救济金维持生活；退休以后，可以依靠政府提供的养老社会保险和医疗保险安度晚年；当生命走到尽头，也会由政府管理的火葬场处理后事。所以说，每个居民从生命的起点到终点，其生老病死的每一个阶段，都与政府实施的财政政策和提供的公共服务息息相关。

**思考：** 什么是财政支出？它的类别有哪些？

## 一、财政支出的原则

　　财政支出是指政府为履行职能而支出的一切费用的总和。财政支出可以反映一个国家财政政策的实施情况，它是政府实施财政收入再分配的经济行为，也是政府实施宏观经济调控的重要手段。

　　政府在安排财政支出的过程中，需要以客观经济为基础，遵循一定的原则。这样才能既满足政府公共支出的需要，又能实现社会效益最大化。财政支出的原则一般包括以下几项。

### （一）量入为出原则

　　量入为出原则要求政府根据一定时期内财政收入的总量来安排财政支出，以保证财政收支平衡。从总体上看，量入为出原则体现了一国经济发展水平对财政支出的制约，也体现了保持经济平稳健康发展，促进财政可持续发展的要求。

### （二）统筹兼顾原则

　　统筹兼顾原则要求政府从全局出发，综合考虑各种因素，确保财政资金的合理分配和有效利用。国家的经济建设、公共事业、行政管理、国防事业等都需要大量的资金，因此，政府要合理确定财政支出的项目及规模。一般情况下，财政支出的项目及规模应该与社会公共需要和实现政府职能的要求相适应，从而防止出现政府"缺位""越位"现象。

### （三）效益性原则

效益性原则要求政府在既定财政资金总额的约束下，将有限的资金投入合适的项目，使其产生最大的效益（经济效益和社会效益）。为了保证效益最大化，政府要做到无偿拨款与有偿拨款相结合，财政资金投入与单位资金自筹相结合，资金安排与财政监督相结合。

---

**经典案例**

#### 公共图书馆建设：从无偿拨款到有偿使用的财政创新实践

某地政府计划斥资 1 000 万元建设一个公共图书馆。传统上，该政府可以通过财政拨款的方式，无偿提供这笔资金给图书馆建设方。然而，为避免图书馆建设方滥用财政资金、忽视资金使用效益，该政府采用有偿使用的方式提供这笔资金。

该政府与图书馆建设方协商，约定在图书馆建成后的一段时间内，图书馆建设方需要按照约定的利率向政府支付资金使用费。这样，图书馆建设方在获得财政资金的同时，也承担了相应的还款责任，有助于提高其使用财政资金的责任感和效益意识。

---

### （四）公平性原则

公平性原则要求政府通过调整财政支出的结构和对象来优化社会成员的物质财富占有份额，从而促进社会公平、维护社会稳定。财政支出的公平性有助于促进社会财富的合理分配，满足每个社会成员的基本生存需要和发展需要，提高社会成员的福利水平。

## 二、财政支出的分类

财政支出可以有多种分类方式，主要包括以下几种。

### （一）按支出形式分类

按支出形式的不同，财政支出可分为无偿拨款支出和有偿拨款支出。政府采用哪种形式的财政支出，既取决于财政资金的使用效益，又取决于使用单位或部门的经济性质。

#### 1. 无偿拨款支出

无偿拨款支出是政府无偿向使用单位或部门提供财政资金，不要求使用单位或部门直接承担任何代价的支出。一般情况下，无偿拨款支出适用于满足纯粹的社会公共需要，如行政管理机构、军队等所需的经费支出，文教科卫等事业单位的经费支出，以及社会保障事业所需的资金投入。

#### 2. 有偿拨款支出

有偿拨款支出是政府以有偿贷款的形式向使用单位或部门提供部分财政资金的支出。

有偿拨款支出多用于建设性预算。例如，某企事业单位有稳定的收入来源，具备一定的偿还能力，需要进行生产性投资，但缺乏资金，政府可以采用有偿拨款的形式为其提供部分财政资金。

### （二）按经济性质分类

按经济性质的不同，财政支出可分为购买性支出和转移性支出。

#### 1. 购买性支出

购买性支出又称"消耗性支出"，是政府为履行其职能，按照等价交换的原则，在市场上购买所需商品和服务的支出，如政府各部门的事业费和投资拨款。购买性支出通常具有等价性，并可能具有大额性、投资性等特点。

#### 2. 转移性支出

转移性支出是政府按照一定的方式，将一部分财政资金无偿地、单方面地转移给居民、企业或其他受益者的支出，如补助支出、捐赠支出和债务利息支出。转移性支出对于调节收入分配、促进区域均衡发展等具有重要作用。政府可以通过增加或减少转移性支出来缩小贫富差距。

转移性支出与购买性支出的区别如表 2-1 所示。

表 2-1　转移性支出与购买性支出的区别

| 区别 | 转移性支出 | 购买性支出 |
|------|-----------|-----------|
| 含义 | 政府将部分财政资金无偿地、单方面地转移给居民、企业或其他受益者 | 政府直接购买商品和服务 |
| 特点 | 不存在交换 | 等价交换 |
| 内容 | （1）社会保障支出，如政府在医疗保险方面的支出<br>（2）财政补贴支出，如农作物价格补贴支出<br>（3）其他转移性支出，如对外援助支出 | （1）社会消费性支出，如用于文化、教育、科学、卫生等事业的经费支出<br>（2）公共投资性支出，如用于修建公共基础设施的投资性支出 |

### （三）按财政支出在社会再生产中的作用分类

按财政支出在社会再生产中的作用的不同，财政支出可分为补偿性支出、消费性支出和积累性支出。

#### 1. 补偿性支出

补偿性支出是政府用于补偿生产过程中消耗掉的生产资料所产生的支出，主要包括改善生态环境、维修城乡公共设施、更新国有企业的固定资产等方面的支出。补偿性支出有助于维护生产资料的完整性，保障社会再生产的正常进行。

#### 2. 消费性支出

消费性支出是政府用于社会共同消费方面的支出，主要包括行政管理支出、国防支出、文教科卫支出、社会援助支出、社会福利支出等。消费性支出有助于增进医疗、养老、托幼、住房、教育等领域的民生福祉，满足人民美好生活的需要。

### 3．积累性支出

积累性支出是政府用于直接增加社会物质财富及国家物资储备的支出，主要包括基础建设支出、财政支农、国家物资储备支出等。积累性支出有助于推动社会经济的可持续发展，提高国家的整体经济实力。

**课堂讨论**

当市场上猪肉的价格较低时，国家会购买并储存大量的猪肉。该项支出属于积累性支出吗？请列举一些属于积累性支出的例子。

### （四）按政府对财政支出的控制能力分类

按政府对财政支出的控制能力的不同，财政支出可分为不可控制性支出和可控制性支出。

### 1．不可控制性支出

不可控制性支出具有较强的刚性，是法律法规规定的政府必要支出。不可控制性支出主要包括法律法规已明确规定的个人应享受的社会保障支出（失业救济、养老金、职工生活补贴等），政府遗留义务支出和以前年度设置的固定项目支出（债务利息支出、给予地方政府的补贴等）。

**财经术语**

政府遗留义务是指政府在执行任务或行使权力时，因疏忽或失误而未能履行其职责或未能完成其应尽的义务，从而给居民、企事业单位造成损失，对此需要依法承担的赔偿责任。

### 2．可控制性支出

可控制性支出具有较强的弹性，是政府根据预算年度的需要加以增减的支出，如经济建设支出、行政管理支出。

**财经视野**

#### 我国财政支出的重点

在财政支出方面，政府需要优化财政支出结构，加大对教育、医疗卫生、社会保障与就业、农业农村基础设施建设、环保等方面的支持力度，切实保障和改善民生。我国财政支出的重点内容如下。

（1）全面推进教育现代化，加大教育投入力度，提高教育资金的使用效率。

（2）深化医药卫生体制改革，提高医疗服务和保障水平。

（3）完善覆盖全民、统筹城乡、公平统一、可持续的社会保障体系，着力解决部分农民工、灵活就业人员、新业态就业人员等人群的社会保障问题，解决"漏保""脱保""断保"问题。

（4）加强农业农村基础设施建设，大力推进农田水利建设、稳步推进"四好农村路"建设、建设现代设施农业和农产品仓储保鲜冷链物流设施等，切实改善农村生产生活条件。

（5）支持节能减排和科技创新，实施节能减排重点工程，如加快风能、太阳能、生物质能等可再生能源在农业生产和农村生活中的应用，有序推进农村清洁取暖。

## 三、财政支出的规模

财政支出规模是指在一定时期（财政年度或预算年度，下同）内，政府通过财政渠道安排财政资金的数量及相对比率，即财政支出的绝对量和相对量。它反映了政府参与社会分配的状况，体现了财政职能发挥作用的广度和力度。

**财政支出规模发展及变化分析**

### （一）衡量财政支出规模的指标

衡量财政支出规模的指标包括财政支出的绝对量和财政支出的相对量。

#### 1. 财政支出的绝对量

财政支出的绝对量是指一定时期内财政支出的资金数量。财政支出的绝对量可以直观地反映政府在一个财政年度内的财政支出规模，是衡量财政支出总量与宏观经济运行关系的重要指标。政府可以通过比较各年度财政支出的绝对量，找出财政支出变化的原因、存在的问题和解决问题的办法。

#### 2. 财政支出的相对量

财政支出的相对量是指一定时期内财政支出占国内生产总值（GDP）的比重。财政支出的相对量反映了一个财政年度内，政府直接支配和使用的资金占全社会所创造财富的比例，体现了财政活动的规模和政府在国民经济运行中的地位。

## 财经视野

### 衡量财政支出增长的指标

衡量财政支出增长的指标有财政支出增长率、财政支出增长弹性系数、财政支出增长边际倾向。

## 一、财政支出增长率

财政支出增长率是指当年财政支出比上年同期财政支出增长的百分比,其计算公式为

财政支出增长率=(当年的财政支出−上年的财政支出)÷上年的财政支出×100%

财政支出增长率表示财政支出随经济的发展而增长的程度。

## 二、财政支出增长弹性系数

财政支出增长弹性系数是指财政支出增长率与国内生产总值(GDP)增长率之比,其计算公式为

财政支出增长弹性系数=财政支出增长率÷国内生产总值增长率

财政支出增长弹性系数表示由国内生产总值的增长所引起的财政支出增长的幅度。如果财政支出增长弹性系数大于1,说明财政支出增长速度快于国内生产总值的增长速度。

## 三、财政支出增长边际倾向

财政支出增长边际倾向是指财政支出增加额与国内生产总值(GDP)增加额之比,其计算公式为

财政支出增长边际倾向=财政支出增加额÷国内生产总值增加额

财政支出增长边际倾向表示国内生产总值每增加一个单位所引起的财政支出增加额,反映了财政支出的边际增长趋势。

### (二)影响财政支出规模的因素

影响财政支出规模的因素包括政治性因素、经济性因素和社会性因素。

#### 1. 政治性因素

政治性因素主要有政治局面的稳定性、财政干预政策、政府的工作效率。

(1)政治局面的稳定性。政治局面的稳定性直接影响财政支出规模。例如,当一国发生战争或重大自然灾害等突发性事件时,财政支出规模必然会超常规地扩大。

(2)财政干预政策。政府采用财政手段干预经济时会改变财政支出的规模。例如,为了刺激经济增长,政府通常会扩大财政支出。

(3)政府的工作效率。政府的工作效率高,其设置的职能机构就少,履行职能所需的财政支出也就相对少一些,财政支出规模就小;反之,履行同样的职能所需的财政支出就相对多一些,财政支出规模就大。

#### 2. 经济性因素

经济性因素对财政支出规模的影响主要体现在以下几个方面:一是经济发展水平的提高会引起财政支出规模的扩大。二是在计划经济体制下,政府对经济的干预程度较高,财政支出的规模相对较大;而在市场经济体制下,市场在资源配置中起主导作用,财政支出

的规模相对较小。三是福利制度所涉及的保障范围广、保障水平高，财政支出规模就会扩大。

### 3．社会性因素

国家的发展阶段不同，人口、就业、医疗卫生、社会保障等社会性因素也不同，这会直接影响财政支出的规模。一般情况下，发展中国家的人口基数大、人口增长速度快，其义务教育、卫生保健、失业补助、贫困救济、生态环境保护等方面的财政支出规模会比较大。同样的，一些人口老龄化现象较为严重的国家在社会保障方面的财政支出规模也会比较大。

---

**经典案例**

#### 北京市全力助推 2022 年北京冬季奥运会

2018 年，北京市财政局为全面助力 2022 年北京冬季奥运会，加大对冰雪运动的资金扶持力度，安排 3 亿元左右的资金推动群众冰雪运动的普及，提升竞技冰雪运动实力，支持冰雪场地建设。

同时，北京市政府大力强化政策研究，出台了一系列的冰雪支持政策。例如，为支持竞技队伍建设，政府制定了《北京市冰雪运动项目训练比赛经费定额标准》，做好 21 支冰雪竞技队伍经费保障。为推动青少年冰雪运动的普及，政府制定了《北京市青少年冬季运动项目补助标准》，支持各区组建 107 支青少年冬季运动队伍。

这一系列政策与资金的支持，不仅为 2022 年北京冬季奥运会的成功举办奠定了坚实的基础，也为北京市乃至全国冰雪运动的长期发展注入了强劲动力。

（资料来源：李乃妍、胡雪蓉，《北京市财政局 3 亿助力冬奥》，

人民网，2018 年 12 月 3 日）

---

**任务拓展**

两人一组，利用中华人民共和国国家统计局、中华人民共和国财政部等官网，搜集我国近几年的财政支出数据，并将其整理成表格或图片，然后分析各项支出所占的比例。

# 任务二　购买性支出

## 任务导入

### 强教育，惠民生

秉持"教育兴则国家兴，教育强则国家强"的理念，国家大力投资教育，助力各地区教育事业的发展。

某地政府积极响应国家号召，为了提升本地学校的教育质量，决定投资更新和升级教学设备。该政府通过招标的方式，选择了合适的供应商，并与其签订了购买合同。供应商按照合同要求交付了教学设备后，政府支付了相应的款项。

思考：这笔支出属于哪类财政支出？为什么？

## 一、购买性支出的内容

购买性支出包括社会消费性支出和公共投资性支出。

### （一）社会消费性支出

社会消费性支出是指政府直接在市场上购买并消耗商品和服务所形成的支出，主要包括行政管理支出、国防支出和文教科卫支出。

#### 1. 行政管理支出

行政管理支出是国家各级权力机关、行政管理机关和外事机构行使其职能所需的费用支出。它是维护国家政权和保证各级国家管理机构正常运转的必要成本。我国的行政管理支出包括行政支出、国家安全支出、司法检察支出、外交支出等。

行政支出包括党政机关经费、行政业务费等。国家安全支出包括安全机关经费、安全业务费等。司法检察支出包括各级人民法院、人民检察院、司法行政机关所开支的各项费用。外交支出包括驻外机构经费、出国费、外宾招待费、国际组织会议费等。

#### 2. 国防支出

国防支出是政府为维护国家主权和领土完整所需的费用支出。我国的国防支出包括人员生活费、活动维持费、装备费等。

人员生活费包括用于军官、文职干部、士兵及聘用人员的工资、伙食、服装等方面的费用。活动维持费包括用于部队训练、军事设施建设及维护等方面的费用。装备费包括用于武器装备的研究、实验、采购、维修、运输、储存等方面的费用。

### 课堂讨论

近年来，我国的国防支出呈现稳步增长的趋势。你认为国防支出增长的原因有哪些？

#### 3. 文教科卫支出

文教科卫支出是指政府用于文化、教育、科学、卫生等事业的费用支出。文教科卫支出主要包括文化、教育、科学、卫生等事业的相关人员的工资、福利费、离退休费、公务费、设备购置费、修缮费、业务费等。

政府之所以对文化、教育、科学、卫生等事业给予支出，主要是因为这些事业具有巨大的外部效应，有利于提高社会成员的整体素质，对经济的繁荣与发展具有决定性作用。

### （二）公共投资性支出

公共投资性支出是指财政支出项目中具有投资性质的支出，主要包括基础设施投资、经济基础产业投资、高新技术产业投资。

#### 1. 基础设施投资

基础设施投资是指政府对经济发展和居民日常生活必不可少的各种设施的投资，主要包括社会基础设施投资和公用基础设施投资。

（1）社会基础设施主要包括用于文化、教育、科学、卫生、体育、医疗、商业服务等领域的基础设施。政府投资社会基础设施，可以提高社会成员的整体素质，保证经济增长的质量和效率，促进社会的全面发展。

（2）公用基础设施主要包括铁路、公路、机场、港口等交通基础设施，大坝、堤防、水闸、泵站等水利基础设施，电信、供水、供电、燃气、消防等市政基础设施。政府投资公用基础设施，有助于促进经济增长，提高人民的生活水平。

三峡工程投资分析

### 经典案例

#### 我国高速公路的建设及其影响

自 20 世纪 80 年代以来，我国大力修建高速公路，通过大规模的投资和技术创新，在高速公路的建设上取得了举世瞩目的成就。截至 2022 年底，我国高速公路总里程达到 17.7 万千米，位居世界第一。

高速公路的建设不仅促进了我国交通运输事业的发展，也带动了相关产业的发展，如旅游、建筑、机械、电子等。同时，高速公路的建设还为区域经济的发展提供了有力支撑，进一步促进了城市和农村的经济发展。

### 2. 经济基础产业投资

经济基础产业投资是指政府对关系国计民生的重要产业（农业、能源等）的投资。由于经济基础产业具有资本密集程度高、投资金额大、建设周期长、投资回报慢等特点，非政府投资主体一般不愿意主动投资。若没有财政资金的支持，经济基础产业很难发展壮大，这必然会影响社会经济的稳定增长。

#### 经典案例

### 农业科技园区引领农业现代化与乡村振兴

为了提高农业生产的效率和农产品的质量，国家通过政府投资和企业参与的方式，在全国范围内设立了一系列农业科技园区。例如，位于陕西省的杨凌农业高新技术产业示范区，位于山东省的黄河三角洲农业高新技术产业示范区，位于山西省的晋中国家农业高新技术产业示范区。

农业科技园区通过技术创新、模式探索和示范带动，提高了农业生产的效率和农产品的质量，促进了农业产业结构的优化升级。同时，农业科技园区的辐射效应显著带动了周边地区的农业产业升级和农村经济发展，大大提高了附近村民的收入水平。

### 3. 高新技术产业投资

高新技术产业投资是指政府用于支持高新技术及其产品的研发、生产、服务等方面的投资。加大高新技术产业投资，是推进创新、加快高新技术发展的重要途径，也是确保高新技术企业发展的重要手段。

#### 财经视野

### 公共投资性支出的特征

（1）公共性和基础性。为了弥补市场失灵的缺陷，克服非政府投资的局限性，政府规划公共投资性支出，致力于为各类经济主体的生产、生活提供必要的条件。这既是政府的内在职能，也是经济社会发展的客观要求。

（2）开发性和投资性。一般情况下，某些新兴产业的开发，高科技、高风险领域（如航天领域）的研究，经济落后地区的开发等，都具有耗资多、耗时长、风险高的特征。这使得非政府投资主体望而却步，市场机制也无能为力。此时，政府投资或主导成为必然选择，以推动这些关键领域的发展，促进产业结构优化与转型升级。

（3）社会效益性。公共投资性支出不仅关注经济效益的实现，更将社会效益放在首位，主要表现为对公共设施和服务的改善、环境保护、文化传承、科技创新等方面的积极作用。例如，政府通过投资环保项目来改善环境质量，通过支持文化事业来传承和弘扬民族文化。需要注意的是，公共投资性支出的社会效益往往需要较长的时间才能充分发挥出来。

## 二、购买性支出的作用

政府通过合理安排购买性支出，可以调节社会总需求，优化资源配置，改善民生福祉。

### （一）调节社会总需求

政府通过购买性支出可以直接和间接地调节社会总需求。

首先，政府购买商品和服务的行为直接构成社会总需求的一部分。当政府增加购买性支出，如购买更多的公共服务、基础设施或原材料等，社会总需求直接提升。

其次，购买性支出发挥乘数效应，间接提升社会总需求。这主要表现在，政府通过增加购买性支出，刺激相关产业的发展，带动更多的生产和就业机会，从而增加居民收入水平，提升居民的消费能力；消费能力的增加进一步拉动相关行业的需求，如零售业、服务业，促使经济活动产生连锁反应，社会总需求间接提升。

### （二）优化资源配置

政府通过购买性支出，可以有针对性地支持某些关键领域和产业的发展，引导社会资源的流向。这种引导性作用可以确保资源被分配到有需要、具有较大社会效益的领域，从而优化资源配置。

### （三）改善民生福祉

政府通过购买性支出，可以提供基础教育、医疗卫生等公共服务，在不同程度上改善居民的生活质量。例如，政府通过改善医疗设施、提升医疗卫生服务水平，以此来提高居民的健康水平，进而提升居民的获得感和幸福感。

## 任务拓展

两人一组，利用中华人民共和国国家统计局、中华人民共和国财政部等官网，搜集我国近几年在教育方面的支出数据，并将其整理成表格或图片，然后分析其变化趋势，谈一谈教育支出对国家及个人的影响。

# 任务三　转移性支出

**任务导入**

## 家电下乡，以旧换新

2008年，国家为了提升农村家电的普及率，在全国范围内推广家电下乡政策。十几年过去，这批旧家电已逐渐到了更新换代的年限。2022年7月，国家商务部等13个部门联合印发《关于促进绿色智能家电消费的若干措施》，对开展全国家电以旧换新活动、推进绿色智能家电下乡等进行了部署。

在江西省鹰潭市余江区潢溪镇，受益于家电以旧换新政策，居民可以享受到政府的财政补贴，以更优惠的价格购入新空调；在贵州省毕节市七星关区梨树镇，通过满减补贴活动，居民可以买到价廉质优的新冰箱……为了让政策红利最大限度地惠及群众，各地区纷纷出台相关支持举措，从发布家电企业促销方案到发放消费券，有效地激发了广阔县域地区的家电消费活力。

（资料来源：齐志明，《让家电下乡更好利农惠民（人民时评）》，
人民网，2022年9月7日）

思考：这笔支出属于哪类财政支出？它具有哪些意义？

## 一、转移性支出的内容

转移性支出包括社会保障支出、财政补贴支出和其他转移性支出。

### （一）社会保障支出

社会保障支出是指政府通过财政向暂时或永久丧失劳动能力、失去工作机会或生活困难的社会成员，提供基本生活保障的支出。社会保障支出包括社会保险、社会救助、社会福利、社会优抚等方面的支出。

社会保障的特征

#### 1. 社会保险支出

社会保险支出包括政府用于养老保险、医疗保险、失业保险、工伤保险、生育保险等方面的支出。该项支出旨在保障居民在年老、疾病、失业、工伤、生育等情况下，依法从国家获得物质帮助的权利。

具体来说，养老保险支出包括基础养老金和个人账户养老金的支付，以及丧葬补助金

的发放；医疗保险支出主要用于覆盖参保人员的医疗费用，减轻其经济负担；失业保险支出则为失业人员提供一定的生活保障，帮助其再就业；工伤保险支出主要用于支付工伤人员的医疗费用、康复费用和经济补偿；生育保险支出主要用于支付女性职工生育期间的医疗费用和生育津贴。

### 2. 社会救助支出

社会救助支出是指政府对那些因自然灾害或其他经济、社会原因而无法维持最低生活水平的社会成员给予救助，以保障其最低生活水平的支出。

社会救助的形式包括生活救助、医疗救助、教育救助、住房救助、司法救助等。社会救助的对象主要包括以下几类人群：无依无靠、没有劳动能力、又没有生活来源的人，有收入来源但生活水平低于法定最低标准的人，因意外灾害导致生活暂时无法维持的人。

### 3. 社会福利支出

社会福利支出是指政府通过各种福利事业、福利设施和福利服务为社会成员提供基本生活保障，并使其基本生活状况不断得到改善的支出。例如，兴办孤儿院、敬老院等社会福利院的支出，开办残疾人福利工厂、残疾人学校的支出，等等。

### 4. 社会优抚支出

社会优抚支出是指政府针对特殊贡献群体，如军人及其家属，提供一系列保障措施的支出。该项支出旨在褒扬和优待为国家和社会作出特殊贡献的群体，确保他们的生活水平不低于当地的平均生活水平。

社会优抚的对象包括烈士家属、军属、残疾军人、复员退伍军人等。社会优抚的内容包括但不限于医疗待遇、伤残优抚、就业安置、入学优待、住房分配等。

**课堂讨论**

兴建公园的费用是否属于社会保障支出？如果是，它属于哪一类社会保障支出？

### （二）财政补贴支出

财政补贴支出是指政府为了实现特定的政治经济目标，向企业或个人提供的一种补偿性支出。财政补贴支出包括价格补贴、企业亏损补贴、财政贴息、福利补贴和税式支出。

### 1. 价格补贴

价格补贴是指政府为了弥补因价格体制或政策变化造成商品价格过低，给生产经营者带来损失而给予的补贴。例如，政府针对特定行业（农业、畜牧业、能源行业、环保行业等）、特定地区（经济欠发达地区）的补贴。

### 2. 企业亏损补贴

企业亏损补贴又称"政策性亏损补贴"，是指政府为了弥补因国家政策给生产经营者带来损失而给予的补贴。例如，政府针对外贸企业拨付进出口亏损补贴，针对国内经营企业（农产品企业，冶金工业企业等）拨付亏损补贴。

### 3. 财政贴息

财政贴息是指政府针对申请某些规定用途银行贷款的企业，就其所需支付的贷款利息给予的补贴。例如，针对创新型企业、高新技术企业等，政府可能会提供财政贴息，鼓励其发展壮大。再如，针对一些需要大量资金投入的企业，如农业企业、制造类企业，政府也可能会提供财政贴息。

### 4. 福利补贴

福利补贴是指政府直接给予职工或居民的各种福利性生活补贴。例如，政府按照国家的统一规定发放给职工的安家费、离休生活补助费等。

### 5. 税式支出

税式支出是指政府对于某些纳税人或特定的经济行为，实行照顾或激励性的区别对待，给予不同的税收减免等优惠待遇而形成的支出。

税式支出的实质是政府为实现既定的政策目标，以减少收入为代价来增强对某些经济行为的宏观调控的间接支出。税式支出的形式主要有设置起征点、优惠税率、税收扣除、税额减免、优惠退税、盈亏互抵、税收抵免等。

## （三）其他转移性支出

转移性支出中除了社会保障支出和财政补贴支出，还有一些其他的支出项目，如对外援助支出和债务利息支出。它们虽然在转移性支出中占比不大，但也有其特殊作用。

### 1. 对外援助支出

对外援助支出是指政府用于援助其他国家或地区的各种支出。它在不直接形成国内商品和服务时，具有转移性支出的性质。在当今世界，国与国之间的交流日益频繁。对外援助支出在促进世界经济发展、扩大本国的国际影响、提升本国的国际形象等方面具有重要意义。

### 2. 债务利息支出

债务利息支出是指政府用于偿还国内外借款的利息支出。由于债务利息支出并不会影响国内资源（商品和服务）的需求与供给，因此其具有转移性支出的性质。

## 二、转移性支出的作用

政府通过合理安排转移性支出，可以稳定币值、调节收入、促进经济增长。

### （一）稳定币值

稳定币值是指政府通过宏观干预，将货币供应量控制在合理的范围内，以减少货币价值过度波动对经济造成不好的影响。其目的是通过保持货币价值的相对稳定，促进经济的持续、稳定增长。

转移性支出通过影响居民和企业的收入、支出，间接地调节货币供应量。当经济过热时，政府可以通过减少转移性支出（如减少社会保障支出或降低补贴标准）来减少货币供应量，从而控制物价上涨，稳定币值；当经济衰退时，政府可以通过增加转移性支出（如增加社会保障支出或提高补贴标准）来刺激经济，增加货币供应量，从而促进物价回升，稳定币值。

### （二）调节收入

转移性支出是政府调节收入的重要手段之一。政府可以通过社会保险、社会福利、社会救助等转移性支出手段来调节收入。

一方面，政府可以增加对低收入群体的转移性支出，如提高最低生活保障标准、加大对相对贫困地区的扶持力度等，以增加低收入群体的收入，缩小收入差距。

另一方面，政府可以利用转移性支出中的税式支出，提高个人所得税的起征点，以增加对高收入群体的税收，减少高收入群体的实际收入，促进收入分配的公平、合理。

### （三）促进经济增长

转移性支出在促进经济增长方面发挥着重要作用。政府可以通过增加转移性支出，如增加对居民的社会保障支出、对特定行业的补贴和奖励等，以增加居民和企业的可支配收入。随着可支配收入的提高，个人和家庭的消费需求也会相应增加。消费需求的增加会带动生产规模的扩大，进而促进经济增长。

## 任务拓展

从农业、农村、农民的角度，思考政府发放了哪些惠农财政补贴？它们具有哪些意义？

## 项目考核

### 一、单选题

1. （　　）是政府为履行其职能，按照等价交换的原则，在市场上购买所需商品和服务的支出。

  A. 购买性支出          B. 补偿性支出

  C. 转移性支出          D. 积累性支出

2. 财政支出增长弹性系数是指财政支出增长率与（　　）之比。

  A. 国内生产总值          B. 国内生产总值增长率

  C. 上年的财政支出          D. 国内生产总值增加额

3. 下列选项中，关于购买性支出的表述不正确的是（　　）。

    A. 行政管理支出属于社会消费性支出

    B. 文教科卫支出属于社会消费性支出

    C. 司法检察支出不属于行政管理支出

    D. 国防支出对于一个国家是十分重要的

4. 下列选项中，属于转移性支出的是（　　）。

    A. 国防支出　　　　　　　　　　　B. 文教科卫支出

    C. 基础设施投资　　　　　　　　　D. 财政补贴支出

5. （　　）是指政府为了实现特定的政治经济目标，向企业或个人提供的一种补偿性支出。

    A. 财政补贴支出　　　　　　　　　B. 社会保障支出

    C. 公共投资性支出　　　　　　　　D. 社会救助支出

## 二、多选题

1. 财政支出的原则包括（　　）。

    A. 量入为出原则　　　　　　　　　B. 统筹兼顾原则

    C. 公平性原则　　　　　　　　　　D. 无偿性原则

2. 按经济性质的不同，财政支出可分为（　　）。

    A. 购买性支出　　　　　　　　　　B. 转移性支出

    C. 无偿拨款支出　　　　　　　　　D. 有偿拨款支出

3. 影响财政支出规模的因素包括（　　）。

    A. 政治局面的稳定性　　　　　　　B. 财政干预政策

    C. 人口数量　　　　　　　　　　　D. 个人偏好

4. 社会消费性支出的内容包括（　　）。

    A. 行政管理支出　　　　　　　　　B. 文教科卫支出

    C. 国防支出　　　　　　　　　　　D. 社会保险支出

5. 社会保障支出的内容包括（　　）。

    A. 社会保险支出　　　　　　　　　B. 社会福利支出

    C. 社会救助支出　　　　　　　　　D. 社会优抚支出

## 三、简答题

1. 简述公共投资性支出的内容。

2. 简述财政补贴支出的内容。

# 项目综合评价

指导教师可以根据学生的课堂表现、任务拓展的完成情况、项目考核情况对其进行评价。学生配合指导教师共同完成项目综合评价表（见表2-2）。

表2-2　项目综合评价表

| 班级 | | 组号 | | 日期 | |
|---|---|---|---|---|---|
| 姓名 | | 学号 | | 指导教师 | |
| 学习成果 | | | | | |

| 评价维度 | 评价指标 | 评价标准 | 分值 | 评价分数 | |
|---|---|---|---|---|---|
| | | | | 自评 | 师评 |
| 素养评价（20分） | 学习态度 | 刻苦认真，勇于钻研 | 5 | | |
| | 纪律意识 | 遵守课堂纪律，认真完成作业 | 5 | | |
| | 互动意识 | 积极发言，完成课堂互动 | 5 | | |
| | 团队精神 | 尊师爱友，积极合作，团结奋进 | 5 | | |
| 知识评价（20分） | 基础知识 | 掌握财政支出的原则、分类和规模 | 8 | | |
| | | 掌握购买性支出的内容和作用 | 6 | | |
| | | 掌握转移性支出的内容和作用 | 6 | | |
| 能力评价（20分） | 分辨能力 | 能够区分购买性支出和转移性支出 | 10 | | |
| | 实际运用能力 | 能够根据所学知识分析我国财政支出的趋势 | 10 | | |
| 成果评价（40分） | 任务拓展 | 能够全面、深入地分析我国近几年的财政支出数据，且财政支出表格或财政支出图片美观、准确 | 10 | | |
| | | 能够全面、深入地分析我国教育支出数据，以及教育支出对国家和个人的影响 | 10 | | |
| | | 能够全面、深入地分析政府发放的惠农财政补贴 | 10 | | |
| | 项目考核 | 能够迅速、准确地完成相应习题 | 10 | | |
| 合计 | | | 100 | | |
| 总评 | 自评（30%）+师评（70%）= | | | 教师（签名）： | |

## 项目导读

　　政府预算是国家财政管理的重要工具，它规定了财政收入的来源和规模、财政支出的方向和规模。通过学习政府预算的相关知识，学生可以了解政府编制预算的逻辑、程序，以及政府通过管理预算来实现国家发展目标的过程。本项目主要介绍了政府预算基础和政府预算程序。

## 学习目标

### 知识目标

（1）了解政府预算的概念、特征及作用。

（2）了解国家预算管理体制。

（3）掌握政府预算的程序。

### 能力目标

（1）能够区分政府预算的各种形式。

（2）能够运用所学知识分析政府预算数据。

### 素养目标

（1）坚守公正、透明、负责的工作原则。

（2）树立法律意识和合规意识。

## 法策之窗

　　《中华人民共和国预算法》是为了规范政府收支行为，强化预算约束，保障经济社会健康发展而制定的法律。它规定了政府预算的编制、审查、批准、执行、决算、监督等内容。

　　扫一扫右边的二维码，了解与本项目相关的法律法规。

项目三相关的法律法规

# 任务一　政府预算基础

任务导入

## 政府预算离人们的生活并不远

家庭有一本小账，国家有一本大账。国家账本中的民生投入涉及教育、医疗、社保、就业等众多领域。可以说，国家殷殷关切每个人的成长和发展。

在四川省广元市大石镇小学，学生们每天都能享受到营养丰富的午餐，有菜有肉，还有牛奶和水果。这样一顿饭，学生只需支付5元，剩下的费用则由国家财政支付。这一举措不仅减轻了农村家庭的经济负担，更有助于改善农村学生的营养健康状况，为他们的成长和发展提供坚实的保障。

在天津市滨海新区，苏玮通过参加政府举办的职业技能考试，取得了维修电工中级技师技能等级证书，成功应聘到了心仪的工作岗位。此外，他还申请到了1 500元的政府培训补贴，实现零成本提升劳动技能。这一政策不仅激发了劳动者提升自我、追求梦想的热情，也为社会的稳定和发展注入了新的活力。

（资料来源：刘颖、王楠、雨棣、张博、田琪永、袁晴，《预算报告"敲重点" 2023年国家账本这样读》，光明网，2023年3月9日）

思考：政府预算贯穿人们生活的方方面面，它具有哪些特征？我国的政府预算体系是怎样的？

## 一、政府预算的概念、特征及作用

### （一）政府预算的概念

政府预算又称"国家预算"，是指经法定程序编制、审查、批准的，具有法律效力的国家年度财政收支计划。它是政府筹集、分配和使用财政资金的重要工具。政府预算的概念可以从以下几个方面进行理解。

（1）政府预算是具有法律效力的文件，是国家和政府意志的体现。政府预算的编制、审查、批准、执行和决算过程都是在《中华人民共和国预算法》（以下简称《预算法》）等法律的规范下进行的。

（2）政府预算反映政府活动的范围和方向。从内容上看，政府预算的编制是按照一定的标准将财政收入和财政支出分门别类地列入特定的表格，以反映财政收入的各项来源和财政资金的使用情况，从而清楚地反映政府的各项财政活动。从形式上看，政府预算的执行过程是财政资金的筹措和使用过程，政府预算的执行结果形成了政府决算。因此，政府预算是对政府活动的详细计划和记录。

### （二）政府预算的特征

#### 1．合法性

政府预算的形成和执行都要经立法机关的审查、批准。《预算法》明确规定了各级人民代表大会有审查、批准本级预算的职权。

#### 2．集中性

预算资金作为集中性的财政资金，它的来源、规模、去向、收支结构和平衡状况，由政府按照社会公共需要和经济形势需要，从国家的整体利益出发进行统筹安排和集中分配。

#### 3．年度性

政府预算的编制和实现都要有时间上的界定，即预算年度。预算年度是指预算收支起讫的有效期限，通常为一年。我国预算采取历年制，即预算年度为当年的 1 月 1 日起至 12 月 31 日止。

#### 4．预测性

政府在编制预算的过程中，需要预计财政资金的收入来源、收支规模，设想支出的用途。具体来说，各级政府及有关部门在本预算年度结束以前，都需要预测下一年度的预算收支情况，编制出预算收入计划和预算支出计划，并进行收支对比，以便从宏观上掌握下一年度的收支对比情况，进而研究对策。

#### 5．公开性

政府预算涉及社会经济的各个方面，不仅影响一个国家的综合实力，还影响居民的切身利益。因此，政府要以公开、透明的方式向社会公布预算的编制、执行和完成结果，表明政府活动的范围和方向，实现预算民主化。

**课堂讨论**

你如何理解政府预算的公开性？

### （三）政府预算的作用

#### 1．财力保证作用

政府预算可以为国家运转提供物资条件，也可以为政府实施各项经济政策提供有效保证。

### 2．调节与制约作用

政府预算作为政府的基本财政计划，是政府实行宏观控制的关键依据和主要手段。政府通过调整预算的收支规模，可以调节社会总供给与总需求的平衡；通过调整预算支出的结构，可以调节国民经济结构。因此，政府预算的编制和执行对国民经济和社会发展都有直接的调节与制约作用。

### 3．反映与监督作用

政府预算是国民经济状况的综合体现。预算收入可以反映国民经济的发展规模和效益水平，预算支出可以反映各项建设事业的基本情况。因此，政府通过编制和执行预算，能够监督和掌握国民经济的运行状况、发展趋势及存在的问题，进而采取相应的对策，促进国民经济稳定、协调地发展。

## 二、政府预算的分类

### （一）按预算的编制形式分类

按预算的编制形式的不同，政府预算可分为单式预算和复式预算。《预算法》规定，我国各级政府预算均采用复试预算的形式进行编制。

**政府预算的原则**

#### 1．单式预算

单式预算是指在预算年度内，政府不对各项财政收支计划的经济性质进行区分，而将全部预算收支统一汇集，形成一个预算收支对照表的编制形式。

单式预算具有完整性，可以直接反映政府预算的收支全貌。但是，单式预算未能区分财政收支计划的经济性质，不利于相关部门深入分析复杂的经济活动。

#### 2．复式预算

复式预算是指在预算年度内，政府将各项财政收支计划按其经济性质的不同，汇编入两个或两个以上预算表中的编制形式。

复式预算一般分为以下几个部分：经常预算、资本预算和专项基金预算。经常预算主要反映政府的经常性收支计划，如税收收入计划、国防支出计划、外交支出计划、行政管理支出计划等。资本预算主要反映债务收入计划和政府公共投资支出计划。专项基金预算主要反映各种专项资金收支计划，如专项补贴计划、专项奖励计划、专项购置计划、专项修缮计划等。

复试预算区分了各项收支的经济性质和用途，便于政府实行科学的宏观决策与控制。但是，复试预算不具有完整性，且编制方法复杂、编制工作量较大。

## （二）按预算的编制方式分类

按预算的编制方式的不同，政府预算可分为增量预算和零基预算。

### 1. 增量预算

增量预算是指政府以上一年度的财政收支指标（其中，收入指标是指收入的最低额度，支出指标是指支出的最高额度）为基础，并结合本年度的实际情况加以调整，从而确定本年度财政收支指标的编制方式。

增量预算的优点是保证了政府预算的连续性。但随着财政收支规模的扩大，这种编制方式可能导致预算不科学、预算调整过多等一系列问题。

### 2. 零基预算

零基预算是指政府在确定财政收支计划指标时，不考虑以前年度的财政收支情况，只以社会经济在预算年度的发展状况为依据的编制方式。

零基预算的优点包括优化财政支出结构，控制预算规模，提高资金的使用效率；缺点是政府在编制预算时不仅要审核新增加的项目，而且要重新审核以往的预算支出项目，导致工作量较大。

## （三）按预算收支的平衡状态分类

按预算收支的平衡状态的不同，政府预算可分为平衡预算和差额预算。

### 1. 平衡预算

平衡预算是指预算收入（税收收入、国有资产收益、国债收入、收费收入和其他收入）基本等于预算支出（购买性支出和转移性支出）的预算形式。

### 2. 差额预算

差额预算是指预算收入不等于预算支出的预算形式。预算收入大于预算支出，称为预算盈余；预算支出大于预算收入，称为预算赤字。

## （四）按政府的级次分类

按政府的级次的不同，政府预算可分为中央预算和地方预算。

### 1. 中央预算

中央预算是指中央各部门（含直属单位）的预算。其中，中央各部门是指与财政部直接发生预算缴款、拨款关系的国家机关、军队、政党组织和社会团体。中央各部门的直属单位是指与财政部直接发生预算缴款、拨款关系的企事业单位。

### 2. 地方预算

地方预算是指地方政府的各部门（含直属单位）的预算。其中，地方政府的各部门是指与本级政府财政部门直接发生预算缴款、拨款关系的国家机关、军队、政党组织和社会团体。地方政府的直属单位是指与本级政府财政部门直接发生预算缴款、拨款关系的企事业单位。

地方预算与中央预算关系密切。中央预算收入的一部分由地方预算组织实现，中央预算支出的一部分通过地方预算分配。

## 📖 财经视野

### 我国的政府预算体系

根据《预算法》的规定，我国实行一级政府一级预算的制度。我国设立中央，省、自治区、直辖市，设立区的市、自治州，县、自治县、不设区的市、市辖区，乡、民族乡、镇五级预算。除中央预算外，其他几级预算都称为地方预算。

### （五）按预算收支的内容分类

按预算收支内容的不同，政府预算可分为一般公共预算、政府性基金预算、国有资本经营预算和社会保险基金预算。

#### 1. 一般公共预算

一般公共预算是政府筹集以税收为主体的财政收入，将其用于保障和改善民生、推动经济社会发展、维护国家安全、维持国家机构正常运转等方面的收支预算。

#### 2. 政府性基金预算

政府性基金预算是政府通过向社会征收基金、费用，或以出让土地、发行彩票等方式取得收入，将其专项用于特定基础设施建设和公共事业发展的收支预算。政府性基金预算应当根据基金项目的收入情况和实际支出需要，按基金项目编制，做到以收定支。

#### 3. 国有资本经营预算

国有资本经营预算是政府对国有资本收益做出支出安排的收支预算。国有资本经营预算应当按照收支平衡的原则编制，不列赤字，并安排资金调入一般公共预算。

#### 4. 社会保险基金预算

社会保险基金预算是政府将社会保险缴款、一般公共预算安排和其他方式筹集的资金，专项用于社会保险的收支预算。社会保险基金预算应当按照统筹层次和社会保险项目分别编制，达到收支平衡。

---

**经典案例**

### 2023 年社会保险基金预算收支情况与 2024 年社会保险基金预算

2023 年，全国社会保险基金预算收入（即预算执行收入）111 499.69 亿元，为预算的 102%，增长 8.8%。其中，保险费收入 81 784.66 亿元，增长 9.1%；财政补贴收入 24 899.26 亿元，增长 8.5%。全国社会保险基金预算支出（即预算执行支出）99 281.29 亿元，完成预算的 101.3%，增长 9.6%。当年收支结余 12 218.40 亿元，年末滚存结余 128 782.72 亿元。

2024 年，全国社会保险基金预算收入 117 491.02 亿元，增长 5.4%。其中，保险费收入 85 947.88 亿元，财政补贴收入 26 846.19 亿元。全国社会保险基金预算支出 106 823.30 亿元，增长 7.6%。本年收支结余 10 667.72 亿元，年末滚存结余 139 450.44 亿元。

根据 2023 年与 2024 年的社会保险基金预算可知，我国社会保险基金预算呈现不断增长的态势。随着社会的不断发展，社会保险基金预算可能会继续增长，以满足人民日益增长的社会保障需求。

（资料来源：徐海知，《关于 2023 年中央和地方预算执行情况与 2024 年中央和地方预算草案的报告》，新华网，2024 年 3 月 5 日）

## 三、国家预算管理体制

### （一）国家预算管理体制的含义

国家预算管理体制是国家规定中央政府与地方各级政府的预算收支范围（财力）和预算管理权限（财权）的一项根本制度。

现代国家不可能只有一级政府，其往往在中央政府之外再设一级或几级地方政府。下级政府作为上级政府管辖下的独立行政主体，负责在其行政区域内履行职责。由于各级政府都要履行一定的职责，所以各级政府相应地要有自己的财力和财权。一般情况下，各级政府担负多大的职责，就应有多大的财力，即事权与财权相统一。

国家通过建立预算管理体制来科学划分各级政府的预算收支范围和管理权限，使国家财力在各级政府之间合理分配，从而保障各级政府行使职能的资金需要，促进国民经济和各项社会事业健康发展。

### （二）国家预算管理体制的内容

#### 1. 预算收支范围

国家通过划分预算收支范围来明确国家财力在中央政府与地方各级政府之间的分配

方式。为提高资源配置效率，调动中央政府与地方政府的积极性，财政收支范围的划分往往按照"统筹兼顾，全面安排""事权与财权相统一""收支挂钩，权责结合"等原则来确定。

### 1）中央财政的收支范围

中央财政的收入包括以下几个部分：一是来自税收收入，包括个人所得税、企业所得税、增值税、消费税等；二是来自非税收入，如中央各部门的服务收费、罚款、国有资产收益等；三是来自地方财政的上缴收入、中央政府的债务收入等。

中央财政的支出范围广泛，包括经济建设支出，如基础设施建设支出、重点工程建设支出等；事业发展支出，如科学、教育、文化、卫生、体育等事业的支出；国防支出，即国防建设和军事活动支出；中央政府的行政管理支出，用于维持政府机构的日常运营和管理；中央政府对地方政府的转移支付，用于支持地方经济的发展。

### 2）地方财政的收支范围

地方财政的收入包括以下几个部分：一是来自地方税收收入，如地方税收入、城市维护建设税收入等；二是来自非税收入，如地方政府的服务收费、罚款、地方国有资产收益等；三是来自中央财政的转移支付、地方政府的债务收入等。

地方财政的支出包括地方经济建设支出，如地方基础设施建设支出、公共服务设施建设支出等；地方事业发展支出，如科学、教育、文化、卫生、体育等事业的支出；地方政府的行政管理支出，用于维持地方政府机构的日常运营和管理；社会保障支出，用于地方的社会保障体系建设；对下级政府的转移支付等。

### 2. 预算管理权限

国家通过划分预算管理权限来明确各级人民代表大会、各级人民代表大会常务委员会和各级政府在预算的编制、审查、批准、执行、监督等方面拥有的权限。根据《预算法》的规定，预算管理权限的具体划分如下。

### 1）各级人民代表大会的权限

各级人民代表大会主要负责审查本级总预算草案及本级总预算执行情况的报告；批准本级预算和本级预算执行情况的报告；改变或者撤销本级人民代表大会常务委员会关于预算、决算的不恰当的决议。

### 2）各级人民代表大会常务委员会的权限

各级人民代表大会常务委员会主要负责监督本级总预算的执行；审查和批准本级预算的调整方案和本级决算；撤销本级政府和下级人民代表大会及其常务委员会关于预算、决算的不恰当的决定、命令和决议。

### 3）各级政府的权限

各级政府主要负责编制本级预算、决算草案，向本级人民代表大会做本级总预算草案的报告；汇总下级政府报送的预算并报本级人民代表大会常务委员会备案；组织本级总预算的执行；决定本级预算预备费的动用；编制本级预算的调整方案；监督本级各部门和下级政府的预算执行；改变或者撤销本级各部门和下级政府关于预算、决算的不恰当的决定和命令；向本级人民代表大会、本级人民代表大会常务委员会报告本级总预算的执行情况。

4）各级财政部门的权限

各级财政部门主要负责具体编制本级预算、决算草案，具体组织本级总预算的执行，提出本级预算预备费动用方案，具体编制本级预算的调整方案，定期向本级政府及上级政府的财政部门报告本级总预算的执行情况。

5）各部门、各单位的权限

各部门负责编制本部门预算、决算草案，组织和监督本部门预算的执行，定期向本级政府财政部门报告预算的执行情况。

各单位负责编制本单位的预算、决算草案；按照国家规定上缴预算收入，安排预算支出，并接受国家有关部门的监督。

## 任务拓展

两人一组，利用中国政府网、中华人民共和国财政部网站、人民网、新华网等官网，查阅我国近几年的政府预算报告，并对其进行解读，了解预算执行情况和收支政策。

## 任务二 政府预算程序

### 任务导入

#### 这个城市宣布破产了

××年×月×日，N市宣布破产。这意味着N市将停止法律规定服务之外的所有支出，如教育、儿童保护、社会关怀、废物或垃圾箱的收集和规划、住房服务、道路维护、图书馆服务等。除了以上这些支出，N市其他所有服务和建设项目都将被暂停或取消。

我国财政赤字解读

N市作为Y国的第二大贸易集散地，多重经济与社会压力交织，如儿童托管和成人社会服务需求增加、救济无家可归者的支出扩大、通货膨胀加剧，使得N市的财政状况雪上加霜。面对无力填补的巨额赤字，N市被迫做出了破产的选择。

思考：N市破产给我国在预算管理方面带来了哪些启示？我国的政府预算程序包括哪几个阶段？

# 一、预算编制

## （一）准备工作

在我国，国务院下达中央预算编制的通知，并对下一年度的预算编制提出要求，财政部门则于每年年中开始编制下一年度的预算。一般情况下，政府预算编制的准备工作应按照图 3-1 的程序进行。

分析本年度的预算执行情况　　　　　　修订预算科目并制定总预算表格

拟定下一年度的预算收支指标　　　　　　组织与部署

图 3-1　政府预算编制的准备工作

### 1．分析本年度的预算执行情况

财政部门在编制预算之前，应结合经济发展趋势和财政收支规律，分析本年度的预算执行情况，以便确定下一年度的收支计划。在分析本年度的预算执行情况时，财政部门应做到以下几点。

（1）确定本年度财政支出的实际执行数，并分析是否已按照本年度预算标准完成相关支出。

（2）分析新出台的重大政策或措施对预算收支的影响，如调整薪酬体系制度、实施新的税率政策等。

（3）分析本年度增收节支政策的落实情况，考虑其对本年度财政收支的影响。

（4）通过调查掌握工业生产、农业生产、基础建设、市场供应等各项目的完成情况及其对本年度财政支出的影响，预测下一年度的经济发展状况。

### 2．拟定下一年度的预算收支指标

财政部门应根据本年度的预算执行情况，并结合国家方针政策，拟定下一年度的预算收支指标。这些指标初步规定了预算收支的规模与结构，确定了中央和地方年度预算资金筹集和分配的基本框架。

### 3．修订预算科目并制定总预算表格

财政部门应根据国家预算管理的需要，修订预算科目，并以此为基础制定总预算表格。

预算科目是政府预算收支的总分类及明细分类。它是编制预算和决算，办理预算缴款和拨款，组织预算会计核算和预算统计的分类依据，可以反映各项目预算的执行情况。

总预算表格是政府预算收支指标的载体，用于全面、系统地记录和展示政府在预算年度内的财政收支情况。总预算表格通常包括财政收支总表、财政收支明细表、基本数字表等一系列表格。

### 4.组织与部署

在政府预算编制之前，国务院会召开会议或发布通知，公开预算编制工作的组织与部署，如预算的编制要求、编制方法，各级预算收支的范围，预算的报送程序及报送期限，等等。

### （二）编制内容

预算的编制内容，即预算草案的编制内容，具体如表 3-1 所示。

表 3-1　预算草案的编制内容

| 预算名称 | | 具体内容 |
|---|---|---|
| 一般公共预算 | 中央一般公共预算收入 | 包括本级一般公共预算收入、从国有资本经营预算调入的资金、地方上解收入、从预算稳定调节基金调入的资金、其他调入资金等 |
| | 中央一般公共预算支出 | 包括本级一般公共预算支出、对地方的税收返还和转移支付、补充预算稳定调节基金等 |
| | 地方各级一般公共预算收入 | 包括本级一般公共预算收入、从国有资本经营预算调入的资金、上级税收返还和转移支付、下级上解收入、从预算稳定调节基金调入的资金、其他调入资金等 |
| | 地方各级一般公共预算支出 | 包括本级一般公共预算支出、上解上级支出、对下级的税收返还和转移支付、补充预算稳定调节基金等 |
| 政府性基金预算 | 中央政府性基金预算收入 | 包括本级政府性基金的各项目收入、上一年度的结余、地方上解收入等 |
| | 中央政府性基金预算支出 | 包括本级政府性基金的各项目支出、对地方的转移支付、调出资金等 |
| | 地方政府性基金预算收入 | 包括本级政府性基金的各项目收入、上一年度的结余、下级上解收入、上级转移支付等 |
| | 地方政府性基金预算支出 | 包括本级政府性基金的各项目支出、上解上级支出、对下级的转移支付、调出资金等 |
| 国有资本经营预算 | 中央国有资本经营预算收入 | 包括本级收入、上一年度的结余、地方上解收入等 |
| | 中央国有资本经营预算支出 | 包括本级支出、向一般公共预算调出的资金、对地方特定事项的转移支付等 |
| | 地方国有资本经营预算收入 | 包括本级收入、上一年度的结余、上级对特定事项的转移支付、下级上解收入等 |
| | 地方国有资本经营预算支出 | 包括本级支出、向一般公共预算调出的资金、对下级特定事项的转移支付、上解上级支出等 |
| 社会保险基金预算 | 中央和地方社会保险基金预算收入 | 各项社会保险费收入、利息收入、投资收益、一般公共预算的补助收入、集体补助收入、转移性收入、上级补助收入、下级上解收入、其他收入等 |
| | 中央和地方社会保险基金预算支出 | 各项社会保险费支出、转移性支出、补助下级支出、上解上级支出、其他支出等 |

## 财经术语

预算草案是指各级政府、各部门和各单位编制的未经法定程序审查和批准的预算收支计划，不具有法律效力。

上解是指下级的财政部门将本年度的财政收入交到上级的财政部门，可理解为"上交"。

预算稳定调节基金是指各级财政部门为保证预算的稳定性，通过超收安排的具备储备性质的资金。

## 二、预算审查和批准

中央预算由全国人民代表大会负责审查和批准，地方预算由本级人民代表大会负责审查和批准。

### （一）预算审查

#### 1. 预算审查的内容

全国人民代表大会和地方各级人民代表大会在审查预算草案及其报告时，应重点审查以下内容。

（1）上一年度预算的执行情况是否符合本级人民代表大会预算决议的要求。

（2）预算安排是否符合《预算法》的规定。

（3）预算安排是否贯彻国民经济和社会发展的方针政策，收支政策是否切实可行。

（4）重点支出和重大投资项目的预算安排是否适当。

（5）预算编制是否完整、细化。

（6）对下级政府的转移性支出预算是否规范、适当。

（7）预算安排中举借的债务是否合法、合理，以及是否有偿还计划和稳定的偿还资金来源。

（8）与预算有关的重要事项说明是否清晰。

#### 2. 预算审查的期限

预算审查期限的规定如表 3-2 所示。

表 3-2　预算审查期限的规定

| 预算部门 | 审查期限 | 具体规定 |
| --- | --- | --- |
| 国务院财政部门 | 在每年全国人民代表大会会议举行的前 45 日 | 将中央预算草案的初步方案提交全国人民代表大会财政经济委员会进行初步审查 |

| 预算部门 | 审查期限 | 具体规定 |
|---|---|---|
| 省、自治区、直辖市政府财政部门 | 在本级人民代表大会会议举行的前 30 日 | 将本级预算草案的初步方案提交本级人民代表大会有关专门委员会进行初步审查 |
| 设区的市、自治州政府财政部门 | | 将本级预算草案的初步方案提交本级人民代表大会有关专门委员会进行初步审查，或者送交本级人民代表大会常务委员会有关工作机构征求意见 |
| 县、自治县、不设区的市、市辖区政府 | | 将本级预算草案的初步方案提交本级人民代表大会常务委员会进行初步审查 |

### （二）预算批准

预算草案经批准后才会具有法律效力，并成为正式的国家预算。非经法定程序，国家预算不得进行任何修改。此外，预算草案经批准后，还应在规定时间内进行备案和批复。

#### 1. 预算备案

乡、民族乡、镇政府应当及时将本级人民代表大会批准的本级预算报上级政府备案。

县级以上地方各级政府应当及时将本级人民代表大会批准的本级预算及下级政府报送备案的预算进行汇总，然后报上级政府备案；将下级政府按照规定报送备案的预算汇总后，报本级人民代表大会常务委员会备案。

国务院应当及时将省、自治区、直辖市政府按照规定报送备案的预算进行汇总，然后报全国人民代表大会常务委员会备案。

#### 2. 预算批复

各级预算经本级人民代表大会批准后，本级政府财政部门应当在 20 日内向本级各部门批复预算。本级各部门接到本级政府财政部门对其预算的批复后，应当在 15 日内向所属各单位批复预算。

中央对地方的一般性转移支付和专项转移支付应当分别在全国人民代表大会批准预算后的 30 日内和 90 日内正式下达。

省、自治区、直辖市政府在收到中央的一般性转移支付和专项转移支付后，应当在 30 日内将其正式下达到本行政区域内的县级以上各级政府。

县级以上各级政府安排给下级政府的一般性转移支付和专项转移支付，应当分别在本级人民代表大会批准预算后的 30 日和 60 日内正式下达。

此外，县级以上各级政府财政部门应当将批复的本级各部门预算和下级政府转移支付预算，抄送本级人民代表大会有关专门委员会和本级人民代表大会常务委员会的有关工作机构。

## 三、预算执行

预算执行是指各级财政部门和其他预算主体组织政府预算收入和划拨预算支出的行为。预算执行是整个预算管理程序中的一个重要环节，是将经过批准的预算付诸实施的重要阶段。根据《预算法》的规定，各级预算由本级政府组织执行，具体工作由本级政府财政部门负责。

### （一）组织预算收入

财政部门、主管收入的专职机关（如税务部门、海关等）或委托代征单位，应根据各项预算收入的性质和征收方法，组织政府预算收入。具体内容包括以下几项。

（1）按照国家的方针政策和政府预算方案，积极组织财政收入的征收工作。

（2）保证应收款项及时、足额地缴入国库。

（3）协助社会各单位改善经营管理，提高经济效益，以扩大财政收入的规模。

### （二）拨付预算支出

各级财政部门必须按照法律法规及国务院财政部门的规定，及时、足额拨付预算支出，并加强对预算支出的管理和监督。各级政府、各部门和各单位在支出时必须按照预算执行，不得虚假列支。此外，各级政府、各部门和各单位应当对预算支出情况开展绩效评价。

### （三）调整预算

调整预算是指经批准的中央预算和地方预算在执行过程中因特殊情况的出现，需要对预算进行必要的修改或重新分配的行为。

一般情况下，若出现以下任何一种情况，预算需要进行相应的调整：① 增加或减少预算总支出的。② 调入预算稳定调节基金的。③ 调减预算安排的重点支出数额的。④ 增加举借债务数额的。

调整预算时，各级政府应编制相应的预算调整方案，说明调整的理由、项目和数额。中央预算的调整方案应当提请全国人民代表大会常务委员会审查和批准，县级以上地方各级政府预算的调整方案应当提请本级人民代表大会常务委员会审查和批准，乡、民族乡、镇政府预算的调整方案应当提请本级人民代表大会审查和批准。未经批准，预算不得调整。

## 四、政府决算

政府决算是指各级政府、各部门和各单位编制的，经法定程序审查和批准的预算收支年度执行结果。通过编制政府决算，政府可以看出年度预算的执行情况，然后对这些情况进行分析与研究，进一步总结预算工作经验，提高预算管理水平，使下一年度的预算建立在更加可靠的基础上。

### （一）决算草案的编制

各级政府、各部门和各单位在每一个预算年度终了后，应按照国务院规定的时间编制决算草案。

决算草案应当与预算相对应，按照预算数、调整后预算数、决算数分别列出，做到内容完整、收支真实、数额准确、报送及时。

### （二）决算草案的审查和批准

国务院财政部门编制的中央决算草案，经国务院审计部门审计后，报国务院审定。审定通过后，国务院将中央决算草案提交给全国人民代表大会常务委员会进行审查和批准。

县级以上地方各级政府财政部门编制的本级决算草案，经本级政府审计部门审计后，报本级政府审定。审定通过后，本级政府将本级决算草案提交给本级人民代表大会常务委员会进行审查和批准。

乡、民族乡、镇政府编制的本级决算草案，由本级人民代表大会审查和批准。

各级决算经批准后，财政部门应当在 20 日内向本级各部门批复决算。各部门在接到本级政府财政部门批复的本部门决算后，应当在 15 日内向所属单位批复决算。

## 五、预决算的监督

预决算的监督主要包括国家权力机关的监督、各级政府的监督和社会监督。

### （一）国家权力机关的监督

全国人民代表大会及其常务委员会对中央和地方预算、决算进行监督，县级以上地方各级人民代表大会及其常务委员会对本级和下级政府预算、决算进行监督，乡、民族乡、镇人民代表大会对本级政府预算、决算进行监督。

各级人民代表大会和县级以上各级人民代表大会常务委员会有权调查预算、决算中的重大事项或特定问题。在调查时，有关部门、单位和个人应当如实反映情况和提供必要的材料。

在各级人民代表大会和县级以上各级人民代表大会常务委员会举行会议时，人民代表大会代表或常务委员会成员有权依照法律规定程序质询预算、决算中的有关问题。有关政府或财政部门需要及时对这些问题给予答复。

### （二）各级政府的监督

各级政府负责监督下级政府的预算执行情况。下级政府应定期向上级政府报告预算执行情况。

各级政府财政部门负责监督本级各部门及其所属各单位在预算管理方面的工作，并向本级政府和上级政府财政部门报告预算执行情况。

县级以上政府审计部门负责对预算执行和决算进行审计，并向社会公开预算执行和其他财政收支的审计工作报告。

### （三）社会监督

在预算管理过程中，公民、法人或其他组织如果发现各级政府有违反《预算法》的行为，可以依法向有关国家机关检举、控告。

### 课堂讨论

政府预算管理有哪些部门和利益相关者的参与？

### 任务拓展

两人一组，利用互联网查找资料，了解本省近几年的政府预算报告内容，深入研究政府预算程序，了解其特征、存在的问题并探讨改进方向。

# 项目考核

## 一、单选题

1. 在预算年度内，政府将各项财政收支计划按其经济性质，汇编入两个或两个以上预算表中的编制形式是（　　）。

　　A．复式预算　　　　　　　　　　B．零基预算

　　C．平衡预算　　　　　　　　　　D．差额预算

2. （　　）是政府筹集以税收为主体的财政收入，将其用于保障和改善民生、推动经济社会发展、维护国家安全、维持国家机构正常运转等方面的收支预算。

　　A．一般公共预算　　　　　　　　B．国有资本经营预算

　　C．政府性基金预算　　　　　　　D．社会保险预算

3. 在政府预算编制之前，（　　）会召开会议或发布通知，公开对预算编制工作的组织与部署。

　　A．财政部　　　　　　　　　　　B．国务院

　　C．人民代表大会　　　　　　　　D．人民代表大会常务委员会

4．下列选项中，不属于中央一般公共预算收入的是（　　）。

　　A．本级一般公共预算收入

　　B．地方上解收入

　　C．从国有资本经营预算调入的资金

　　D．上级税收返还和转移支付

5．（　　）是指各级财政部门和其他预算主体组织政府预算收入和划拨预算支出的行为。

　　A．预算执行　　　　B．预算批准　　　　C．预算调整　　　　D．预算审查

## 二、多选题

1．按预算收支的平衡状态的不同，政府预算可分为（　　）。

　　A．零基预算　　　　B．平衡预算　　　　C．差额预算　　　　D．增量预算

2．下列选项中，预算编制的准备工作包括（　　）。

　　A．分析本年度的预算执行情况

　　B．拟定下一年度的预算收支指标

　　C．修订预算科目并制定总预算表格

　　D．组织与部署

3．下列选项中，预算审查的内容包括（　　）。

　　A．预算安排是否符合《预算法》的规定

　　B．预算编制是否完整、细化

　　C．本年度的预算执行情况是否符合本级人民代表大会预算决议的要求

　　D．重点支出和重大投资项目的预算安排是否适当

4．一般情况下，若出现以下任何一种情况，预算均需要进行相应的调整：（　　）。

　　A．增加或减少预算总支出的

　　B．调入预算稳定调节基金的

　　C．调减预算安排的重点支出数额的

　　D．增加举借债务数额的

5．下列选项中，说法正确的是（　　）。

　　A．各级决算经批准后，财政部门应当在 15 日内向本级各部门批复决算

　　B．各部门在接到本级政府财政部门批复的本部门决算后，应当在 20 日内向所属单位批复决算

　　C．预决算的监督主要包括国家权力机关的监督、各级政府的监督和社会监督

　　D．下级政府应定期向上级政府报告预算执行情况

## 三、简答题

1．简述我国预算体系的组成。

2．简述政府预算程序。

# 项目综合评价

指导教师可以根据学生的课堂表现、任务拓展的完成情况、项目考核情况对其进行评价。学生配合指导教师共同完成项目综合评价表（见表3-3）。

表3-3　项目综合评价表

| 班级 | | 组号 | | 日期 | | |
|---|---|---|---|---|---|---|
| 姓名 | | 学号 | | 指导教师 | | |
| 学习成果 | | | | | | |
| 评价维度 | 评价指标 | 评价标准 | | 分值 | 评价分数 | |
| | | | | | 自评 | 师评 |
| 素养评价（20分） | 学习态度 | 刻苦认真，勇于钻研 | | 5 | | |
| | 纪律意识 | 遵守课堂纪律，认真完成作业 | | 5 | | |
| | 互动意识 | 积极发言，完成课堂互动 | | 5 | | |
| | 团队精神 | 尊师爱友，积极合作，团结奋进 | | 5 | | |
| 知识评价（20分） | 基础知识 | 了解政府预算的概念、特征及作用 | | 7 | | |
| | | 了解国家预算管理体制 | | 6 | | |
| | | 掌握政府预算的程序 | | 7 | | |
| 能力评价（20分） | 分辨能力 | 能够区分政府预算的各种形式 | | 10 | | |
| | 分析能力 | 能够运用所学知识分析政府预算数据 | | 10 | | |
| 成果评价（40分） | 任务拓展 | 能够全面、准确地解读我国近几年的政府预算报告 | | 15 | | |
| | | 能够深入分析本省近几年的政府预算报告 | | 15 | | |
| | 项目考核 | 能够迅速、准确地完成相应习题 | | 10 | | |
| 合计 | | | | 100 | | |
| 总评 | 自评（30%）+师评（70%）= | | | | 教师（签名）： | |

## 项目导读

"金融"中的"金"指金钱，即货币，"融"指融通。金融是指与货币流通和信用相关的各种经济活动，如货币的发行、保管、兑换、结算、融通等。通过学习金融知识，学生可以提升分析金融活动的专业能力，深入理解金融运作机制，洞察宏观经济趋势和政策影响。本项目主要介绍了货币、利息与利率、通货膨胀、通货紧缩。

## 学习目标

### 知识目标

（1）掌握货币的产生、本质、形式及职能。

（2）掌握利息的本质及计算。

（3）掌握利率的种类、影响因素及作用。

（4）了解通货膨胀与通货紧缩的衡量指标及类型。

### 能力目标

（1）能够区分通货膨胀与通货紧缩。

（2）能够判断通货膨胀与通货紧缩的程度。

（3）能够分析通货膨胀与通货紧缩出现的原因、可能产生的影响及应对之策。

### 素养目标

（1）具备基本的金融素养。

（2）培养持续学习的能力。

## 法策之窗

《中华人民共和国中国人民银行法》第三章明确了人民币的法律地位、发行制度等内容，为保障人民币的币值稳定，维护国家货币主权和人民币的信誉提供了法律依据。

扫一扫右边的二维码，了解与本项目相关的法律法规。

项目四相关的法律法规

# 任务一　货　币

## 阿堵物与孔方兄

阿堵物是钱的一个别称，有一定轻蔑的含义，来源于西晋王衍的故事。王衍出身名门，崇尚玄理（玄妙的道理），据说他从不提"钱"字。他的妻子想试探虚实，便趁王衍熟睡之时，叫仆人在其床的四周铺满铜钱。次日早晨，王衍醒来见到床边的铜钱，便吩咐仆人"举却阿堵物"，意思是"把这些东西搬走"。

孔方兄则是钱的另外一个别称。西晋初年，随着社会经济的恢复与发展，统治阶级的贪腐之风日渐增长。晋武帝为了敛财，允许人们使用钱财购买官爵。眼看着天下纲纪崩坏，鲁褒写了一篇讽刺世风的文章——《钱神论》。他在文章中写到铜钱的形状外圆内方，世人"亲之如兄，字曰'孔方'"。

（资料来源：张晓华，《财政金融基础》，机械工业出版社，2023年6月）

**思考：** 钱还有哪些别称？它发挥着哪些职能？

## 一、货币的产生及本质

### （一）货币的产生

货币是商品交换长期发展的产物，其产生大致经历了以下4个阶段。

#### 1. 偶然的物物交换

在原始社会后期，随着社会生产力的发展，剩余产品开始出现。各部落生产的产品除了满足自身的消费需求，还可用于交换其他部落生产的产品。由于当时的生产力较低，剩余产品有限，且社会分工尚未形成，交换需求并不强烈，所以这种交换只是个别的，带有偶然性质。例如，1只羊换2把石斧。

#### 2. 扩大的物物交换

随着社会生产力的进一步发展，剩余产品开始增多，交换不再是偶然为之。同时，由于参加交换的商品种类越来越多，所以一种商品可与多种商品相交换。例如，1只羊不再是偶然地和2把石斧进行交换，而是可以普遍的与2把石斧、10尺布、15斤大米等进行交换。

### 3．一般等价物作为媒介的物物交换

随着交易范围的扩大、商品品种的增多，交易双方的需求难以完全匹配，导致物物交换存在一些困难。例如，甲需要乙的商品，乙却不需要甲的商品，两人就不能成交。

于是，在商品交换过程中，人们开始用某种比较容易接受的商品来充当交换媒介。这种交换媒介被称为"一般等价物"，是从商品世界中分离出来的，可以和其他一切商品交换，表现其他一切商品价值的商品。历史上，牲畜、布帛、贝壳、粮食、食盐等都充当过一般等价物。

### 4．一般等价物固定在金银上

在实际生活中，某种商品若想固定成为一般等价物，则需要能够长久地在人群中流通。但是，许多曾经充当一般等价物的商品存在着难以克服的缺点，不能满足这一条件。例如，当用整只羊作为一般等价物来交换食盐时，人们至少要购买价值一只羊的食盐。若非如此，交易就不能顺利达成。

随着经验的积累，人们发现金属的物理特征使其适合作为一般等价物。例如，金属可以被分割，可以相对准确地表示商品量的多少。又如，小块金属可以被熔化并重新铸成大块金属，以满足人们的交易需求和储藏需求。因此，越来越多的人将金属充当为一般等价物。

在众多金属中，金银凭借体积小、价值大、质地均匀、便于储藏、容易分割且分割后价值变化不大的特点，取得了固定充当一般等价物的特权，在历史演变中逐渐发展成货币。

### 课堂讨论

为什么说"金银天然不是货币，但货币天然是金银"？

## （二）货币的本质

货币是指从商品中分离出来，固定充当一般等价物的商品，其本质是一般等价物。

### 1．货币本身是商品

货币本身是商品，与商品世界中的其他商品一样，具有使用价值和价值，能在交换过程中为其他人所接受，并能在交换过程中作为一般等价物。

### 财经视野

#### 商品的使用价值与价值

商品既包含使用价值，也包含价值。使用价值是商品能够满足人们某种需要的属性；价值是凝结在商品中的无差别的人类劳动，一般以价格的形式表现出来。商品的使用价值与价值之间既存在统一性，又存在矛盾性。

（1）统一性。价值的存在以使用价值的存在为前提，没有使用价值的商品，不可能被用来交换，也就不会有价值。也就是说，使用价值是价值的载体，价值寓于使用价值之中。

（2）矛盾性。首先，两者反映不同的关系。使用价值作为商品的自然属性，反映的是商品购买者和商品之间的关系；价值作为商品的社会属性，反映的是商品生产者之间的关系。其次，两者在商品交换过程中具有互相排斥性。商品生产者只有把商品的使用价值让渡给商品购买者，才能获得价值。任何人都不可能同时拥有商品的使用价值和价值。

### 2. 货币不是普通商品，而是特殊商品

货币从商品世界中分离出来，成为表现其他一切商品价值的载体。在商品世界中，货币以价值直接体现物的身份出现，是表现一切商品使用价值的特殊商品。此外，货币也具有与一切商品直接交换的能力，它作为一般交换手段，可以用来购买任何一种商品。

### 3. 货币反映了商品生产者之间的关系

在商品交换过程中，货币成为联系商品生产者的纽带，体现着商品生产者之间的劳动交换关系。

此外，货币也是经济利益分配的媒介。商品生产者通过销售自己的商品来获取货币收入，进而使用这些收入去购买其他生产者生产的商品。货币收入的分配过程既是对商品生产者劳动成果的认可，也是对商品生产者经济利益的分配。因此，货币体现了商品生产者之间的经济利益关系。

## 二、货币的形式与职能

### （一）货币的形式

不同的货币形式适应着不同历史阶段的需求。纵观货币的发展历史，货币相继呈现出实物货币、金属货币、代用货币、信用货币和电子货币5种形式。

### 1. 实物货币

实物货币是以实物作为载体的货币，其价值与实物货币作为普通商品的价值相等。实物货币是货币发展第一阶段的产物。在中国历史上，海贝、兽角、食盐、特殊的石块等实物都充当过货币。

随着商品生产和交换活动的日益扩大和复杂化，实物货币不易分割、不易保管、携带不便的特点越来越难以适应商品交换对货币的需求。金属逐渐取代了实物商品作为货币的地位，标志着货币进入了金属货币时代。

### 2. 金属货币

金属货币是以金属（金、银、铜、铁等）作为材料，由政府指定机构专门铸造的充当

一般等价物的货币。严格地说，金属货币也是一种实物货币。

金属货币的材料最初是贱金属（比较容易被氧化或腐蚀的金属，如铜和铁），多数国家和地区采用的是铜。随着贱金属的价值降低，其在大宗交易中的适用性变得有限。因此，金属货币的材料逐渐由铜转向价值较高的银、金。

随着社会生产力的提高，金属货币的数量越来越难以满足大量商品交换对交换媒介的需求，且金属货币过于沉重、不便携带、在流通中容易磨损而减重的特点给人们带来了困扰。于是，代用货币逐渐替代了金属货币。

### 3. 代用货币

代用货币是由政府或银行发行的代替金属货币流通的纸币。代用货币的背后有充足的金银作为保证，且持有者有权随时到政府或银行将其兑换为金属货币（金银），这一保障使其被人们普遍所接受。

代用货币与金属货币相比，其优越性主要包括：① 印刷纸币的成本比铸造金属货币的成本低。② 避免了金属货币在流通中产生的磨损。③ 降低了运送金属货币的成本与风险。

然而，代用货币的发行量受限于金属货币的流通量，也就是金属的储藏量和开采量。因此，随着时间的推移，代用货币逐渐退出货币历史的舞台，被信用货币所取代。

### 📖 财经视野

#### 世界上最早的纸币

交子是我国最早的纸币，也是世界上最早的纸币。交子诞生于北宋天圣元年（1023 年），由成都 16 家富商联合建立的交子铺户发行。最初的交子实际上是一种存款凭证，类似于现代的支票，主要用于商人之间的交易。

为了保障交子的流通和价值稳定，政府开始介入交子的管理。从此，交子正式成为了一种货币。

### 4. 信用货币

信用货币是由国家法律规定、强制流通、不以任何贵金属为基础、独立发挥货币职能的货币。这种货币的形式与代用货币的形式一样，主要以纸质形式呈现。目前，世界各国发行的货币基本都属于信用货币。

需要注意的是，信用货币自身并不具备任何内在价值，也不直接代表任何贵金属。它只是一种纯粹的价值符号，由国家政权提供的信用支持，其购买力远远超过其载体本身的价值。

### 5. 电子货币

电子货币是通过电子计算机网络系统以电子信息传递形式实现流通和支付功能的货币，是现代商品经济高度发达、银行转账清算效率的日益进步和互联网技术广泛运用三方面有机结合的产物，集存款、贷款、消费、转账、结算、查询等多种功能于一身。其形式多种多样，包括但不限于信用卡、电子钱包、数字货币等，是国际上流行的一种现代支付工具。

电子货币的出现，改变了现金支付和支票支付的传统方式，减少了流通中的现金，有利于加速货币流通，刺激消费，但也致使透支账户的预付消费成为较普遍的现象。

## 📖 财经视野

### 数字人民币

随着网络技术和数字经济的蓬勃发展，社会公众对零售支付的便捷性、安全性、普惠性、隐私性等方面的需求日益提高。中央银行紧密跟踪金融科技发展的成果，积极探索法定货币的数字化形态，使法定数字货币从理论走向现实。

**推行数字人民币的意义**

数字人民币是中国人民银行发行的数字形式的法定货币与实物人民币等价。数字人民币将与实物人民币长期并存，主要用于满足公众对数字形态现金的需求。

随着技术的飞跃，数字人民币的试点范围不断扩大，应用场景日益丰富，涵盖了交通、医疗、教育、税务缴纳等多个领域。

（资料来源：刘润榕，《新年有新动向 数字人民币试点再获进展》，
中国金融信息网，2025 年 1 月 9 日）

### （二）货币的职能

货币的职能是随着商品经济的发展而逐渐完善起来的，是货币本质的具体表现形式，也是人们运用货币的客观依据。具体来说，货币具有价值尺度、流通手段、贮藏手段、支付手段和世界货币 5 种职能。其最基本的职能是价值尺度和流通手段。

#### 1. 价值尺度

价值尺度是用来衡量和表现商品价值的一种职能。货币之所以能够充当价值尺度，是因为其本身也是商品，具有一定的价值。货币在执行这一职能时，只需在观念上用货币金额来衡量商品的价值，无须使用真实的货币，如商品的标价。

#### 2. 流通手段

流通手段又称"购买手段"，是指在商品流通过程中，以货币来充当交换媒介的职能。货币在执行这一职能时，是真实的货币，而不再是观念上的货币。也就是说，在商品交换过程中，商品所有者先将商品转化为货币，然后才能用货币去交换其他商品，而不是直接用一种商品去交换另一种商品。此时，货币的价值尺度是其流通手段的前提，而货币的流通手段是其价值尺度的进一步发展。

### 3．贮藏手段

贮藏手段是指货币退出流通领域，作为社会财富的一般代表被储存起来的职能。货币在执行这一职能时，能够自发地调节其流通量。一般情况下，当人们所需的货币流通量减少时，多余的货币就会退出流通领域，充当贮藏货币；当人们所需的货币流通量增加时，部分被贮藏的货币就会进入流通领域，充当流通货币。

### 4．支付手段

支付手段是指货币作为独立的价值形式，进行单方面运动时执行的职能。例如，人们使用货币来偿还欠款时，货币付出的同时并没有流入相应价值的商品。此时，货币发挥的不是流通手段的职能，而是发挥支付手段的职能。

在现代商品经济社会中，货币作为支付手段发挥的作用越来越普遍。它不仅用于清偿债务，还被用于支付租金、利息、工资、赋税等。此外，财政的收支、银行吸收存款和发放贷款等也是货币作为独立的价值形式进行的单方面转移。

### 5．世界货币

世界货币是指货币在全球市场上执行一般等价物的职能。世界货币是实现国际贸易的工具，能够促进国际经济的发展。其作用具体表现在以下几个方面：① 作为一般的支付手段，用来平衡国际贸易差额，如偿付国际债务。② 作为一般的购买手段，用来购买外国商品或服务。③ 作为社会财富的代表，由一个国家转移到另一个国家，如支付战争赔款。

📖 **财经视野**

## 人民币制度

人民币制度从产生以来，伴随着我国经济和金融的不断发展而趋于完善。整体而言，人民币制度主要包括以下几个方面的内容。

（1）人民币主币的单位为"元"，辅币的单位为"角""分"。1 元分为 10 角，1 角分为 10 分。

（2）人民币没有含金量的规定，它属于不兑现的信用货币。

（3）人民币是我国唯一合法的货币，严禁伪造、变造和破坏。

（4）人民币的发行实行高度集中统一和严格的计划管理。中国人民银行是人民币唯一且合法的发行机构。

（5）人民币对外国货币的汇率由国家外汇管理局统一制定，每日公布，一切外汇买卖和国际结算都据此执行。

## 任务拓展

一般情况下，货币的几个职能很难被分割开来，它总是同时发挥着多个职能。但是，货币在发挥其职能时，可能会着重强调其中的某一个职能。在以下几个场景中，货币主要发挥的是哪个职能？

场景一：小王知道货币可以用来购买商品或服务，因此她在完成领导分配的各项任务后，愿意接受货币作为报酬。

场景二：小丽想了解橘子和苹果的相对价值，于是她查看了橘子和苹果的单价。

场景三：小张怀孕了，她预计未来的支出会增加。因此，小张决定增加储蓄。

# 任务二　利息与利率

## 任务导入

### 复利效应下的养老储备

人们如果能够在年轻时就为养老储备资金，年老时就可以多一份保障。那么，人们到底该从什么时候开始规划养老呢？由于复利效应的存在，答案显而易见，那就是越早越好。

例如，小王计划每年年末固定为养老储备 12 000 元，直至 60 岁退休。假设年收益率为 5%，小王从 25 岁开始储备，到 60 岁时储备金额为 115 万元；小王从 26 岁开始储备，到 60 岁时储备金额为 108 万元；小王从 35 岁开始储备，到 60 岁时储备金额为 61 万元。可以看出，哪怕小王只晚 1 年开始储备养老资金，到 60 岁时储备金额也会相差 7 万元。如果年收益率高于 5%，储备金额的差距会更大。

**思考：什么是复利效应？**

## 一、利息

利息与信用相伴而生，它产生于借贷关系，是货币所有者因贷出货币而从借款人那里获得的报酬。例如，某企业向银行借款 500 万元，一年后归还 525 万元，其中的 25 万元就是利息。

## （一）利息的本质

利息的本质是剩余价值的转化形态，是利润的一部分。

### 📖 财经视野

#### 信　用

　　信用是以偿还利息为条件的价值运动的特殊形式，多产生于货币借贷和商品交易的赊销或预付之中。信用的形式包括国家信用、银行信用、商业信用和消费信用。

　　（1）国家信用。国家信用是指国家以债务人身份向国内人民取得的信用。国家信用既是调节国际贸易的有力杠杆，也是弥补一国财政赤字的重要手段。政府借助国家信用发行各种债券，能够引导资源在社会各部门之间进行合理分配，从而促进经济的协调发展。

　　（2）银行信用。银行信用是指银行及其他金融机构以货币形式提供的信用。银行信用主要有以下几个特点：① 银行信用的债权人主要是银行及其他金融机构，债务人主要是从事商品生产和流通的企业或个人。② 银行信用的客体主要是单一形态的货币资金。③ 银行信用在整个社会信用体系中占据核心地位。

　　（3）商业信用。商业信用是指在商品交易的过程中，企业之间通过延期付款或预收货款等方式形成的信用。商业信用主要有以下几个特点：① 商业信用的债权人与债务人均为企业。② 商业信用的客体是生产者之间或生产者与销售者之间交易的商品。③ 商业信用直接依存于商品的生产和流通，无须信用中介机构的介入。

　　（4）消费信用。消费信用是指向消费者个人提供的信用。消费信用的主要形式包括以下几种：① 商品赊销，如使用信用卡购买商品。② 分期付款，如在购买住房时，消费者先支付一部分货币，然后按照合同分期摊还本息。③ 消费贷款，即银行或其他金融机构直接向消费者个人发放的、用于购买耐用消费品或支付各种费用的贷款，如个人为购买汽车向银行申请的贷款。

## （二）利息的计算

一般情况下，利息的多少取决于本金、利率和期限，其基本计算公式为

$$利息=本金×利率×期限$$

### 1. 单利

单利是指按借贷的本金、期限、利率直接计算利息的一种计息方法。在单利法下，计算出的利息不再计入本金重复计算利息，其计算公式为

$$I=P \cdot r \cdot n$$

$$S=P+I=P（1+r \cdot n）$$

式中，$I$ 表示利息，$P$ 表示本金，$r$ 表示利率，$n$ 表示期限，$S$ 表示本金和利息之和（简称"本利和"）。

例如，某人借款 1 000 元，年利率为 5%，借款期限为 3 年。按单利法计算，到期时利息为 150 元（1 000×5%×3），本利和为 1 150 元 [1 000×（1+5%×3）]。

### 2. 复利

复利是指将上期利息计入本金再计算利息的一种计息方法，俗称"利滚利"，其计算公式为

$$S=P（1+r)^n$$
$$I=S-P$$

例如，某人借款 1 000 元，年利率为 5%，借款期限为 3 年。按复利法计算，到期时本利和为 1 157.625 元 [1 000×（1+5%)³]，利息为 157.625 元（1 157.625−1 000）。

显然，单利法比复利法简单，且有利于减轻借款人的利息负担。复利法的计算虽然比较复杂，但它体现了货币时间价值，更为科学和合理，在投资决策、财务管理等领域有着极为广泛的应用。

单利与复利的对比

## 📋 财经术语

货币时间价值是指在没有任何风险的情况下，货币在经历一定时间的投资和再投资后所增加的价值，又称"资金时间价值"。这种价值的增加，实际上是对货币持有者推迟消费的耐心所给予的报酬。

## 二、利率

利率也就是利息率，用来表示利息水平的高低，一般是借贷期内所形成的利息与贷款金额（本金）的比率，其基本计算公式为

利率=利息/本金

## 📖 财经视野

### 终值与现值

#### 一、终值

终值是根据利率计算出一笔资金在未来某一时点对应的金额，其计算公式相当于复利法下本利和的计算公式。

例如，某投资者有以下两种投资机会：一是将 10 000 元以 10% 的年利率投资 12 个月；二是将 10 000 元先以 9.80% 的年利率投资 6 个月，再将获得的本利和以 9.80% 的

年利率投资 6 个月。

第一种投资方式的终值为 11 000 元 [10 000×（1+10%）]。第二种投资方式的终值为 11 004.01 元 [10 000×（1+9.80%×6/12）²]。根据计算结果可知，投资者选择第二种投资方式更有利。

**二、现值**

现值是将未来某一时点上一定金额的本利和，按照现行利率折算到现在所对应的本金，其计算公式为

$$P=S/（1+r）^n$$

假设年利率为 10%，投资者 2 年后想取得 11 000 元，则现在应该存 9 090.91 元 [11 000/（1+0.10）²]。

## （一）利率的种类

按照不同的标准，利率可分为不同的种类。多种多样的利率共同构成了利率体系，它们往往相互作用、相互影响。

### 1. 年利率、月利率和日利率

按计息期的不同，利率可分为年利率、月利率和日利率。年利率是以年为时间单位来计息，通常以百分之几（%）来表示；月利率是以月为时间单位来计息，通常以千分之几（‰）来表示；日利率是以天为时间单位来计息，通常以万分之几（‰）来表示。

在我国，年利率、月利率和日利率都习惯用"厘"做单位，如年息 3 厘指 3%，月息 3 厘指 3‰，日息 3 厘指 3‰。

### 2. 名义利率和实际利率

按是否考虑通货膨胀，利率可分为名义利率和实际利率。名义利率是指金融市场上实际存在并发挥作用的利率，实际利率是指名义利率剔除通货膨胀因素后的真正利率。名义利率与实际利率之间的关系可近似表示为

$$i=r-p$$

式中，$i$ 表示实际利率，$r$ 表示名义利率，$p$ 表示通货膨胀率。

因为实际利率能真实反映借贷资金的利息收益或借贷成本，所以借贷双方真正关心的是实际利率。

📖 **财经视野**

### 负利率

若物价水平快速攀升，银行存款利率赶不上通货膨胀率，则银行存款利率实际为负。在这种情况下，居民的银行存款随着时间的推移，其购买力逐渐降低，看起来就好像"缩水"一样。

例如，某年 1 年期的定期存款利率为 3.10%，该年的通货膨胀率为 3.90%。假设某居民在该年年初存入 20 000 元的定期存款。存款到期后，该居民获得的银行利息为 620 元（20 000×3.10%）。通货膨胀带来的贬值为 780 元（20 000×3.90%）。也就是说，居民将 20 000 元存在银行 1 年，表面上存款增加了 620 元，实际上存款减少了 160 元（780−620）。此时银行存款利率实际为−0.80%（3.10%−3.90%）。

在负利率的情况下，相对于储蓄，居民更愿意将财产通过各种理财渠道进行保值和增值，如购买股票、基金、外汇、黄金等。

### 3．市场利率、法定利率和公定利率

按是否根据市场规律自由变动，利率可分为市场利率、法定利率和公定利率。法定利率和公定利率在不同程度上反映了非市场的强制力量对利率的干预。

市场利率是指在金融市场上由借贷资金供求关系直接决定的利率。当资金的供给大于需求时，市场利率下跌；当资金的供给小于需求时，市场利率上升。我国银行间同业拆借利率就是较为典型的市场利率。

法定利率是指由政府金融管理部门或中央银行确定的利率，是国家进行宏观调控的重要工具。

公定利率是由非政府部门的金融行业自律性组织（如银行公会）通过协商和自律机制确定的利率。这种利率仅对其会员银行有约束性。

### 4．固定利率和浮动利率

按借贷期内利率水平是否调整，利率可分为固定利率和浮动利率。

固定利率是指利率水平在借贷期内不做调整的利率。当借贷期限较短或预期市场利率变化不大时，借贷双方通常采用固定利率。当借贷期限较长或市场利率变化较大时，利率的变化趋势难以预测。由于利率风险较大，借贷双方通常不愿意采用固定利率，而更愿意采用浮动利率。

浮动利率是指利率水平在借贷期内会随着市场情况而定期调整的利率。浮动利率具有一定的灵活性，有助于分散利率风险，但计息方式比较复杂，一般存在于长期借贷市场和国际金融市场。

### 5．基准利率和非基准利率

按利率体系的地位和作用的不同，利率可分为基准利率和非基准利率。

基准利率是金融市场上具有普遍参照作用的利率，是构成利率体系的中心环节，其变动预示着利率体系的变动趋势，在某种程度上影响人们的预期，具有告示效应。我国的基准利率主要由中国人民银行设定和调整，如商业银行存款、贷款、贴现等业务的指导性利率。

非基准利率是指除中央银行公布的基准利率外，金融机构根据市场情况和自身经营策略自主设定的各种利率。这些利率虽然不像基准利率那样具有普遍的指导意义和市场影响力，但其存在和变动也会对金融市场和经济活动产生一定的影响。

## （二）利率的影响因素

一定时期的利率水平是多种因素共同作用的结果。具体来说，影响利率变化的因素包括但不限于社会平均利润率、国家宏观经济政策、资金供求关系、物价水平、借贷期限长短和国际利率水平。

### 1. 社会平均利润率

根据利率计算出的利息是借贷资金的价格，是债权人出借资金获得的报酬，不应为零。因此，利率也不应为零。同时，利息是利润的一部分，即利率应介于零和平均利润率（社会利润总额与社会实体投资总额的比例）之间，受平均利润率的约束。

需要注意的是，约束利率的不是单个企业的利润率，而是一定时期内一国的社会平均利润率。社会平均利润率越高，利率也越高，但不会高于社会平均利润率。

### 2. 国家宏观经济政策

国民经济是一个宏观运行的整体，为了协调社会的整体利益，政府会通过调节利率来调节经济。政府要想支持什么地区，支持什么产业，可能会采用低利率政策，降低借贷成本，激发投资活力，从而推动这些地区或产业的快速发展；反之，政府要想限制不必要的投资，促进经济结构的优化与调整，可能会实施高利率政策，提高借贷成本。

此外，政府的经济政策方向也会直接影响利率。在需要实施扩张性经济政策以刺激经济增长时，政府会降低利率，以鼓励投资与消费，为经济增长注入动力。在经济过热时，政府会提高利率，以抑制过度需求，维护经济的稳定。

### 3. 资金供求关系

当资金供给增加时，资金供应方（如银行、金融机构等）之间的竞争加剧。为了吸引更多的借款者，资金供应方可能会降低利率，以降低借款成本，提高资金的使用效率。因此，资金供给增加会导致利率下降，如图 4-1 所示。

图 4-1　资金供给对利率的影响

另一方面，当资金需求减少时，即借款者减少或借款需求降低，市场上的资金相对充裕时，市场上的资金需求不足以支撑更高的利率水平，资金供应方需要降低利率来吸引借款者。因此，在资金需求减少的情况下，利率也会下降，如图 4-2 所示。

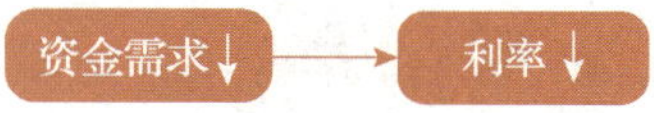

图 4-2　资金需求对利率的影响

### 4. 物价水平

一般情况下，当物价水平持续上涨时，实际利率低于名义利率，这使得存款人的经济利益受损，存款积极性降低。因此，政府为了维持存款吸收规模，会提高名义利率，即名义利率随着物价水平的上涨而上涨。

需要注意的是，物价水平与名义利率之间的关系并不是绝对的。例如，在经济衰退或金融危机期间，即使物价水平上涨（此时的物价水平上涨可能是由供应短缺、货币贬值等因素引起的），中央银行为了对抗经济下滑的压力，往往会采取降低利率的措施来刺激经济。这种情况下，物价水平与名义利率之间是一种负向或更复杂的关系。

### 5．借贷期限长短

从存款方面来看，存款期限越长，资金越稳定，银行可以有效运用资金来赚取更高的利润，从而愿意付给存款人更高的利息；从贷款方面来看，借贷期限越长，资金的时间成本越高，从而会按更高的利率收取更多的利息。因此，在其他因素不变的情况下，借贷期限越长，利率越高，如图 4-3 所示。反之，借贷期限越短，利率越低。

借贷期限↑ ——→ 利率↑

图 4-3　借贷期限对利率的影响

### 6．国际利率水平

在现代经济体系中，国际间的经济联系密切。国内利率水平易受到国际利率水平的影响，这种影响是通过国际间资本的流动来实现的。当国际利率水平低于国内利率水平时，国际资本可能会流向国内，导致国内金融市场上资金供给增加，国内利率水平下降并趋于国际利率水平，如图 4-4 所示。

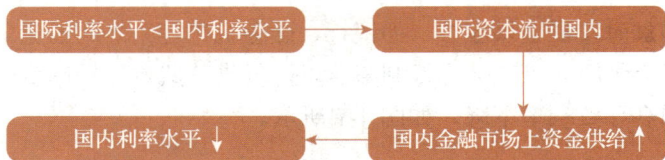

国际利率水平<国内利率水平 ——→ 国际资本流向国内

国内利率水平↓ ←—— 国内金融市场上资金供给↑

图 4-4　国际利率水平对国内利率水平的影响

反之，当国际利率水平高于国内利率水平时，国内资本可能会流向国际，导致国内金融市场上资金供给减少，国内利率水平上升并趋于国际利率水平。

## （三）利率的作用

利率在现代经济中发挥着极其重要的调节作用，其影响范围广泛，既涉及宏观经济活动，也涉及微观经济活动。

### 1．利率对宏观经济活动的调节作用

#### 1）优化产业结构

利率可以通过市场机制的自发调节与政府的主动引导，作用于产业结构的优化过程。一方面，利率作为借贷资金的价格，会自发地调节资金从利润率较低的部门流向利润

率较高的部门，实现社会资源的优化配置，从而推动产业结构的优化升级。

另一方面，政府对急需发展的农业、能源、交通运输等行业及相关的企业和产品，会适当降低利率或实行优惠利率政策，支持其发展；对需要限制发展的行业、企业和产品，会适当提高利率，以限制其发展。也就是说，政府可以利用差别利率政策，优化产业结构。

### 2）调节货币供给量

利率可以通过影响贷款成本来影响货币供给。当利率上升时，贷款成本增加，企业和个人的借款意愿降低，银行贷款规模缩小，货币供给量可能减少。反之，当利率下降时，贷款成本降低，企业和个人的借款意愿增强，银行贷款规模扩大，货币供给量可能增加。

### 3）平衡国际收支

利率可以通过影响国际间资本的流动来平衡国际收支。例如，当国际收支出现比较严重的逆差时，政府可以将国内利率水平调节到高于其他国家利率水平的程度，一方面阻止本国资金流向利率较高的国家，另一方面吸引外资流入本国。

## 2. 利率对微观经济活动的调节作用

### 1）调节企业经济活动

利率影响企业的投资决策。在其他条件不变的情况下，利率降低会减少企业生产成本中的利息支出，促使企业增加投资、扩大生产规模。反之，利率提高会增加企业生产成本中的利息支出，企业可能会减少投资、缩小生产规模。

### 2）调节个人和家庭经济活动

利率能调节储蓄与消费之间的比例。一般情况下，人们获得的收入不会全部用于当前的消费。为了应付未来的一些支出，人们会将一部分收入储存起来。如果利率提高，人们的储蓄愿望会增强，从而减少消费。反之，如果利率降低，人们的储蓄积极性会减弱。

此外，利率还能调节金融资产结构。对于个人和家庭来说，用于消费后的结余收入，既可以存入银行，也可以购买国债、企业债券、基金、股票等金融证券。而利率是影响人们选择金融资产的关键因素之一。一般而言，当利率下降时，证券价格上升，持有证券可能会给人们带来更多的收益，此时人们往往会减少银行存款的持有量，增加债券与股票的持有量。

### 课堂讨论

利率上升对消费者贷款（如房贷、车贷）有何影响？

### 任务拓展

利率与人们的生活息息相关，对人们的财富有重大影响。根据所学知识与互联网资料，详细分析利率对房价、就业及投资的影响。

## 任务三　通货膨胀

### 任务导入

**买一卷卫生纸要花 260 万**

2018 年 7 月，委内瑞拉的通货膨胀率高达 82 700%。在这个国家，一卷卫生纸的价格约 260 万强势玻利瓦尔；一只 2.4 千克的鸡，价格约 1 400 万强势玻利瓦尔，所需花费纸钞的体积相当于一只鸡的 4 倍。

通货膨胀对委内瑞拉人民的生活产生了严重影响。除卫生纸、鸡肉外，许多商品的价格也大幅上涨，使得普通民众难以负担。人们为了购买生活必需品不得不排队等待数小时，有些人甚至为了生存不得不放弃尊严，去垃圾堆里寻找食物。

（资料来源：张义凌，《委内瑞拉为应付通胀发新钞：一卷纸要 260 万旧币》，

新浪网，2018 年 8 月 21 日）

**思考：**什么是通货膨胀？通货膨胀的成因有哪些？政府应该如何应对通货膨胀？

## 一、通货膨胀的概念及衡量指标

### （一）通货膨胀的概念

通货膨胀是指在一定时期内一般物价水平持续上涨的现象。通货膨胀的概念可以从以下几个方面理解。

（1）通货膨胀所指的物价上涨不是指个别商品或服务价格的上涨，而是指价格总水平的上涨。

（2）通货膨胀不是指一次性或短期的价格总水平的上涨，而是指一般物价水平的持续上涨，且会造成不可逆转的趋势。

（3）通货膨胀与纸币流通相联系，是纸币流通条件下的特有现象。

### （二）通货膨胀的衡量指标

通货膨胀的严重程度是根据通货膨胀率这一指标来衡量的。通货膨胀率的计算公式为

$$当期的通货膨胀率=\frac{当期的价格水平-上一期的价格水平}{上一期的价格水平}\times100\%$$

其中，价格水平的高低是通过各种价格指数来衡量的。世界上较为流行的价格指数有

消费者价格指数、生产者价格指数、核心生产者价格指数和国民生产总值平减指数。

### 1. 消费者价格指数

消费者价格指数（consumer price index，CPI）是根据家庭消费的代表性商品和服务的价格变动状况编制的。中国的消费者价格指数被称为"居民消费价格指数"。按消费品和服务项目的用途的不同，居民消费价格指数可分为食品烟酒、衣着、居住、生活用品及服务、交通和通信、教育文化和娱乐、医疗保健、其他用品和服务 8 大类价格指数。

消费者价格指数编制方法

### 2. 生产者价格指数

生产者价格指数（producer price index，PPI）是根据生产者所购买商品的价格变化状况编制的。它反映了一定时期内生产者购买的中间商品和原材料价格变动的趋势和程度。

### 3. 核心生产者价格指数

核心生产者价格指数，简称"核心 PPI"，是指将价格受气候和季节因素影响较大的商品剔除之后的生产者价格指数。在所有商品和服务的价格中，食物和能源的价格容易受气候或国际政治经济因素的影响而出现剧烈的、非正常的波动。不过，这种波动并不代表市场的总供需发生实质性变动。

核心生产者价格指数有助于决策者对总体形势做出比较准确的判断，进而使其做出符合实际的政策选择。

### 4. 国民生产总值平减指数

国民生产总值平减指数是按当期价格计算的国民生产总值（即名义值）与按基期计算的国民生产总值（即实际值）的比率。与其他价格指数相比，国民生产总值平减指数的计算基础更为广泛，涵盖了全部商品和服务，能够更全面地反映价格水平的变化情况。

## 二、通货膨胀的类型及成因

### （一）通货膨胀的类型

按物价上涨速度的不同，通货膨胀可分为温和的或爬行的通货膨胀、疾驰的或飞奔的通货膨胀、恶性的或脱缰的通货膨胀。

### 1. 温和的或爬行的通货膨胀

温和的或爬行的通货膨胀一般指物价水平年均上涨率在 10% 以内的通货膨胀。温和的或爬行的通货膨胀可以刺激经济的发展，这是因为物价的上涨（工资、租金、原材料的价格的上涨速度低于商品价格的上涨速度）可以使企业多获得一些利润，从而刺激企业投资的积极性。

### 2. 疾驰的或飞奔的通货膨胀

疾驰的或飞奔的通货膨胀是一种不稳定的、迅速恶化的、加速的通货膨胀，这是一种较危险的通货膨胀。发生这种通货膨胀时，通货膨胀率一般达到两位数以上。此时，人们对货币的信心开始动摇，经济社会产生动荡。

### 3. 恶性的或脱缰的通货膨胀

恶性的或脱缰的通货膨胀又称"极度的通货膨胀""超速的通货膨胀"。一旦发生这种通货膨胀，通货膨胀率会非常高，一般达到三位数以上，而且完全失去控制。此时，物价持续、飞速地上涨，货币大幅贬值，人们对货币彻底失去信心，经济社会处于一片混乱之中。严重的话，这种通货膨胀还会导致社会崩溃，政府垮台。

恶性的或脱缰的通货膨胀通常发生于战争或社会大动乱之后，如1923年德国的通货膨胀。

## （二）通货膨胀的成因

具体来说，通货膨胀的成因主要有需求拉动、成本推动、供求混合推动和经济结构失调。

### 1. 需求拉动

无论是消费、投资还是政府支出的增加都会使社会总需求增加。需求拉动造成的通货膨胀表现为商品和服务的总需求超过总供给，从而拉动物价全面、持续上涨。

### 2. 成本推动

成本推动造成的通货膨胀表现为在总需求不变的情况下，生产要素的价格（工资、租金、原材料的价格）上涨，导致生产成本增加，商品及相关商品的价格上涨，从而拉动物价全面、持续上涨。

### 3. 供求混合推动

供求混合推动造成的通货膨胀是由需求拉动和成本推动共同导致的物价全面、持续上涨。在社会经济条件下，人们往往很难确定通货膨胀究竟是需求拉动还是成本推动造成的。

### 4. 经济结构失调

由于不同经济部门之间往往有着不同的技术结构、劳动力结构等，不同经济部门之间的劳动生产率增长速度也不同。但是，这些部门通常要求有相同的货币工资增长率。当劳动生产率增长较快的部门的工资增长时，劳动生产率增长较慢的部门的工资也随之增长，但后者的劳动生产率的增长速度低于工资的增长速度，这意味着后者生产单位商品的成本增加。对此，企业会通过提高商品价格来转移增加的成本，进而引发通货膨胀。

经济结构失调造成通货膨胀的根源是各部门劳动生产率的增长速度存在差异，发展至后期就会演变为成本推动造成的通货膨胀。

# 三、通货膨胀的影响及应对

## （一）通货膨胀的影响

### 1．对生产的影响

通货膨胀对生产的影响主要体现在以下几个方面。

（1）通货膨胀会降低企业持有的各项专用资金的购买力，即企业资金的实际价值缩水。这种情况下，企业可能面临资金紧张的局面，难以应对设备更新、技术改造等问题。

（2）发生通货膨胀时，生产资料的价格上涨通常会早于产成品的价格上涨，从而增加了企业的经营风险和经营成本。

（3）通货膨胀减轻了企业价格竞争和非价格竞争的压力，使得企业不必以降低成本、提高商品质量的方式来提升市场竞争力。然而，这并不利于企业的技术进步和生产效率的提高。

（4）通货膨胀不利于调动劳动者的积极性，从而影响劳动生产率的提高。

### 2．对流通的影响

商品流通过程是商品经过生产、批发、零售等环节进入消费领域的过程。在这个过程中，生产者和处于各流通环节的销售者均可以获得合理的收入，消费者也可以在一个合理的物价环境中进行消费。

但是，发生通货膨胀时，价值规律受到影响，商品价格朝着较高的方向流动。甚至在投机利益的驱动下，商品会长期滞留在流通领域，成为倒买倒卖的对象，迟迟不能进入消费领域。

### 3．对收入分配的影响

在居民收入总额不变的情况下，通货膨胀会降低居民的实际收入水平。此外，通货膨胀还可能导致财政支出大幅度增加，加剧财政收支的不平衡。

### 4．对消费的影响

消费水平是衡量居民生活质量的一个重要标准。在货币经济条件下，消费主要表现为居民以货币换取商品的使用价值。受通货膨胀的影响，居民的实际收入降低，其实际消费水平也会下降。

## （二）通货膨胀的应对

通货膨胀是社会总需求大于社会总供给的结果。因此，应对通货膨胀的根本是控制社会总需求，其手段是采取紧缩的经济政策。紧缩的经济政策包括紧缩的货币政策、紧缩的财政政策、紧缩的收入政策和收入指数化政策。

### 1．紧缩的货币政策

为了控制社会总需求，保证货币供应量增长率与经济增长率相适应，各国中央银行采取的主要手段包括以下几种：① 通过公开市场出售政府债券。② 提高法定存款准备金率。③ 提高再贴现率。

### 财经术语

货币政策是指中央银行为实现一定的宏观经济目标而采取的各种调节和控制货币供应量的措施。其主要工具包括公开市场业务、存款准备金政策和再贴现政策。

公开市场业务是中央银行在金融市场上公开买卖有价证券，以投放或回笼基础货币来调节货币供应量的行为。

法定存款准备金率是中央银行规定的各商业银行和存款机构必须遵守的存款准备金占其存款总额的比率。

再贴现率是商业银行将手中未到期的票据向中央银行申请再贴现时的预扣利率。再贴现意味着中央银行向商业银行贷款，这会增加货币投放，直接增加货币供应量。

#### 2. 紧缩的财政政策

紧缩的财政政策主要包括增加税收和减少政府支出。政府可以通过提高税率、增加税种的方式增加税收，或直接减少支出，以减少企业和个人的可支配收入，从而控制社会总需求，抑制通货膨胀。

### 财经术语

财政政策是指政府运用各种财政手段和措施，以实现充分就业、物价稳定和经济增长的宏观经济目标的政策。其主要通过财政支出与税收政策调节总需求来实现。

#### 3. 紧缩的收入政策

紧缩的收入政策主要是应对成本推动造成的通货膨胀。政府可采取以下方式贯彻紧缩的收入政策：① 采取协商或道德规劝的措施，来劝说工会降低工资要求，限制企业提高商品或服务的价格。② 通过税收政策调节实际收入水平。③ 制定相关法律法规以管制工资和物价。

#### 4. 收入指数化政策

收入指数化政策也是应对成本推动造成的通货膨胀的有效方法之一。它是指以条文规定的形式把工资和某种物价指数联系起来，当物价水平上升时，工资也随之上升，居民的实际收入得到保障，从而避免或减少通货膨胀带来的损失。

### 课堂讨论

发生通货膨胀时，人们应如何避免自己的钱贬值？

## 任务拓展

通过互联网搜索"通货膨胀事件"，选择一个典型的通货膨胀事件进行深入研究，并分析其背景、成因、影响及政府的应对之策。

# 任务四　通货紧缩

## 任务导入

### 大降价是好事吗

由于通货紧缩和市场竞争，一款价格为 2 000 元的智能手表在一年内降至 1 200 元。面对 1 200 元的智能手表和 1 200 元的现金，小崔在权衡之后选择了持有现金。他意识到，虽然智能手表的价格大幅下降，但自己并非真正需要它，而且在当前的经济环境下，持有现金可能更具有灵活性和安全感。他可以用这笔钱来应对可能出现的紧急情况，或者在未来有真正需要时再进行消费。

思考：大降价是好事吗？通货紧缩会产生什么样的影响？

## 一、通货紧缩的类型及成因

通货紧缩是指纸币的发行量小于实际需要量，从而引起一般物价水平下跌的经济现象。

在现实经济中，通货紧缩需要依据物价变动的全面性和持续性（如大范围内的商品和服务的价格持续下跌）、货币供应量的变化（如市场上流通的货币量减少）、经济活动的减缓（如投资、消费和生产等方面的需求放缓），以及经济指标的变化（如居民消费价格指数持续下降）等因素综合分析。

### （一）通货紧缩的类型

按对经济的影响程度的不同，通货紧缩可分为轻度通货紧缩、中度通货紧缩和严重通货紧缩。

### 1. 轻度通货紧缩

物价水平下跌，但幅度不大（如物价水平下跌幅度在 5%以下），时间不超过 2 年的情况称为轻度通货紧缩。

### 2. 中度通货紧缩

物价水平下跌幅度较大（物价水平下跌幅度在 5%到 10%之间），时间超过 2 年的情况称为中度通货紧缩。

### 3. 严重通货紧缩

物价水平下跌幅度超过两位数，且持续时间超过 2 年的情况称为严重通货紧缩。20 世纪 30 年代的世界性经济大萧条所对应的通货紧缩，就属于严重通货紧缩。

---

**经典案例**

#### M 国经济大萧条

1929—1933 年，M 国经历了一场严重的经济危机，其根本原因是通货紧缩。在此期间，由于货币供应量急剧减少，物价水平持续下跌，居民消费价格指数大幅下降，市场需求萎缩，企业破产、银行倒闭频发，失业率飙升至历史高位，经济陷入长期萧条。这场经济大萧条不仅对 M 国经济造成了重创，还引发了全球范围内的经济衰退和社会动荡。

---

### （二）通货紧缩的成因

具体来说，通货紧缩的成因主要包括投资和消费的有效需求不足、紧缩的货币政策和财政政策、经济周期的变化、新技术的应用和劳动生产率的提高、金融体系效率的降低、体制因素、国际市场的冲击。

### 1. 投资和消费的有效需求不足

当人们预期实际利率会进一步下降、经济形势继续不佳时，其投资和消费需求往往会减少。社会总需求的减少会使物价水平下跌，从而形成通货紧缩。

### 2. 紧缩的货币政策和财政政策

由于政策时滞的原因，政府在发生通货膨胀时实施紧缩的货币政策和财政政策没有及时调整，可能会使货币供应量不断降低，出现"过多的商品追求过少的货币"的现象，从而引起政策紧缩性的通货紧缩。

### 3. 经济周期的变化

经济发展经历高峰阶段之后，往往伴随着生产能力过剩和商品供过于求的情况，这有可能导致物价水平持续下跌，从而引起周期性的通货紧缩。

### 4. 新技术的应用和劳动生产率的提高

技术进步及新技术在生产上的广泛应用，会提高劳动生产率，降低生产成本，进一步使商品价格下降，从而引起成本压低性的通货紧缩。需要注意的是，成本压低性的通货紧缩并不总会造成负面影响。从长期来看，技术进步和成本降低可以促进经济增长。

### 5. 金融体系效率的降低

在经济过热时，金融机构往往会出现信贷盲目扩张的现象，造成大量的坏账。这种情况下，金融机构自然会"惜贷""慎贷"，加上企业和居民因为不良预期而形成的不想贷、不愿贷行为，导致信贷萎缩，社会总需求减少，从而形成通货紧缩。

### 6. 体制因素

体制变化一般会打乱人们的稳定预期。如果人们预期未来的收入会减少，支出（如医疗保障支出、教育支出）会增加，那么人们的消费行为会趋于保守，表现为"少花钱，多储蓄"。这种消费行为的转变可能导致社会有效需求不足，物价水平持续下跌，从而引起体制变化性的通货紧缩。

### 7. 国际市场的冲击

对于开放程度较高的国家，在国际经济不景气的情况下，国内市场往往会受到较大的影响。这主要表现为出口减少、外资流入减少、国内供给增加、需求减少、物价水平持续下跌，从而引起外部冲击性的通货紧缩。

## 二、通货紧缩的影响及应对

### （一）通货紧缩的影响

通货紧缩与通货膨胀都属于货币领域的一种病态，但通货紧缩对经济发展的危害可能比通货膨胀更严重。一般情况下，通货紧缩有以下几个方面的影响。

#### 1. 对投资的影响

发生通货紧缩时，理性的投资者预期商品价格会进一步下降，即企业的预期利润也将随之下降，从而降低投资倾向。

#### 2. 对消费的影响

##### 1）价格效应

发生通货紧缩时，物价普遍下跌，意味着货币的购买力提高。消费者可以用相同的货币购买更多的商品和服务，这在理论上会刺激消费。但是，消费者可能存在价格持续下降的预期，从而推迟购买时间，以等待更低的价格。同时，一些消费者则会倾向于增加储蓄，以应对未来的不确定性，这进一步抑制了当前的消费需求。

##### 2）收入效应

通货紧缩往往与经济疲软或衰退相伴，可能导致就业市场不稳定和工资收入减少。工资收入的减少往往会使消费者缩减开支，进一步抑制消费需求。

### 3．对收入分配的影响

通货紧缩对收入分配的影响可能体现在以下几个方面：① 现金资产升值，实物资产的持有者受损。② 固定利率的债权者获利，而债务人受损。③ 商品价格降低，企业利润减少，一部分财富向个人转移；企业负债的实际利率上升，财富进一步向个人转移。

### （二）通货紧缩的应对

应对通货紧缩需要采取综合性措施，如扩大有效需求，实行宽松的财政政策和货币政策，以及引导公众预期。

#### 1．扩大有效需求

扩大有效需求是应对通货紧缩的根本之策，主要包括扩大投资需求和消费需求。

扩大投资需求的方法主要包括扩大政府公共支出，兴建公共设施，刺激经济增长；刺激企业和民间投资，提高投资效率和收益；合理调整经济结构，优化供需关系。

扩大消费需求的方法主要包括消除不利于增加消费的政策和制度约束，引导社会消费稳定增长；提高公众收入水平，提高其购买能力；扩大消费信贷的规模和品种；加快社会保障制度建设，降低居民预防性储蓄。

#### 2．实行宽松的财政政策和货币政策

实行宽松的财政政策和货币政策是应对通货紧缩的重要手段，其目的是通过增加货币供应量和降低实际利率，刺激消费。实行宽松的财政政策的方法主要包括增加财政支出、减少财政收入。实行宽松的货币政策的方法主要包括在公开市场买入有价证券、降低法定存款准备金率、降低再贴现率等，以增加社会货币供给总量。

#### 3．引导公众预期

引导公众预期是应对通货紧缩的辅助措施，其目的是调整企业和个人对未来的预期，增强其信心和动力。引导公众预期的方法主要包括通过公开宣传一些积极的信号对公众进行政策性引导，消除其恐慌情绪；通过适当放松或收紧政策来影响市场预期，避免市场反应过度；通过建立有效的沟通机制和协调机制来保持政策的一致性和连续性，避免政策的不确定性。

## 📖 财经视野

### 通货膨胀与通货紧缩的联系和区别

（1）通货膨胀与通货紧缩的联系。一方面，两者都是由社会总需求与社会总供给不平衡引起的，即流通中实际需要的货币量与发行量不平衡引起的；另一方面，两者都会使价格信号失真，影响正常的经济生活和社会经济秩序，因此都需要采取有效的措施予以抑制。

（2）通货膨胀与通货紧缩的区别。两者在实质、表现、成因、危害、应对措施等

方面有所不同，如表 4-1 所示。

表 4-1　通货膨胀与通货紧缩的区别

| 区别 | 通货膨胀 | 通货紧缩 |
|------|----------|----------|
| 实质 | 社会总需求大于社会总供给 | 社会总需求小于社会总供给 |
| 表现 | 物价水平持续上涨，货币贬值，购买力下降 | 物价水平持续下跌，市场萎缩，生产与投资减少，经济增长乏力 |
| 成因 | 货币的发行量超过流通中实际需要的量 | 有效需求不足 |
| 危害 | 从长远来看，如果居民的名义收入没有变化，通货膨胀会使居民的生活质量下降，可能造成社会经济混乱，不利于经济的发展 | 从长远来看，通货紧缩可能严重影响投资者的信心和居民的消费心理，导致恶性的价格竞争，对居民的长远利益和社会经济的长远发展造成不利影响 |
| 应对措施 | 发展生产，增加有效供给，同时控制货币供应量，实行适度紧缩的货币政策和量入为出的财政政策 | 调整优化产业结构，综合运用投资、消费、出口等措施拉动经济，实行积极的财政政策、稳健的货币政策和正确的消费政策，坚持扩大内需的方针 |

## 任务拓展

通过互联网搜索"通货紧缩事件"，选择一个典型的通货紧缩事件进行深入研究，并分析其背景、成因、影响及政府的应对之策。

# 项目考核

一、单选题

1. 货币的产生大致经历了以下 4 个阶段（　　　）。

　　A．一般等价物固定在金银上、偶然的物物交换、扩大的物物交换、一般等价物作为媒介的物物交换

　　B．一般等价物固定在金银上、一般等价物作为媒介的物物交换、偶然的物物交换、扩大的物物交换

　　C．偶然的物物交换、扩大的物物交换、一般等价物作为媒介的物物交换、一般等价物固定在金银上

　　D．偶然的物物交换、扩大的物物交换、一般等价物固定在金银上、一般等价物作为媒介的物物交换

2．一张桌子价值 1 000 元，体现了货币的（　　）职能。

    A．价值尺度                B．流通手段

    C．支付手段                D．贮藏手段

3．利率是指（　　）。

    A．利息与利润的比率

    B．利息与货币供应量的比率

    C．一定时期内利息与贷款金额的比率

    D．利息与金融资产的比率

4．（　　）一般指物价水平年均上涨率在 10% 以内的通货膨胀。

    A．温和的或爬行的通货膨胀    B．恶性的或脱缰的通货膨胀

    C．超速的通货膨胀           D．疾驰的或飞奔的通货膨胀

5．通货紧缩的标志是（　　）。

    A．物价水平持续下跌        B．物价水平下跌

    C．货币升值               D．货币贬值

## 二、多选题

1．货币的形式包括（　　）。

    A．实物货币                B．信用货币

    C．金属货币                D．电子货币

2．按利率与通货膨胀的关系，利率可分为（　　）。

    A．名义利率                B．实际利率

    C．固定利率                D．浮动利率

3．下列选项中，影响利率高低的有（　　）。

    A．物价水平                B．平均利润率

    C．国家宏观经济政策       D．国际利率水平

4．下列选项中，属于通货膨胀的原因的有（　　）。

    A．需求拉动                B．供求混合推动

    C．成本推动                D．经济结构失调

5．下列选项中，属于通货紧缩的原因的有（　　）。

    A．投资和消费的有效需求不足

    B．宽松的货币政策

    C．紧缩的财政政策

    D．新技术的采用和劳动生产率的提高

## 三、简答题

1．简述货币的职能。

2．简述利率的作用。

3．简述通货膨胀的应对之策。

# 项目综合评价

指导教师可以根据学生的课堂表现、任务拓展的完成情况、项目考核情况对其进行评价。学生配合指导教师共同完成项目综合评价表（见表4-2）。

表4-2　项目综合评价表

| 班级 | | 组号 | | 日期 | | |
|---|---|---|---|---|---|---|
| 姓名 | | 学号 | | 指导教师 | | |
| 学习成果 | | | | | | |
| 评价维度 | 评价指标 | 评价标准 | | 分值 | 评价分数 | |
| | | | | | 自评 | 师评 |
| 素养评价（20分） | 学习态度 | 刻苦认真，勇于钻研 | | 5 | | |
| | 纪律意识 | 遵守课堂纪律，认真完成作业 | | 5 | | |
| | 互动意识 | 积极发言，完成课堂互动 | | 5 | | |
| | 团队精神 | 尊师爱友，积极合作，团结奋进 | | 5 | | |
| 知识评价（20分） | 基础知识 | 掌握货币的产生、本质、形式及职能 | | 5 | | |
| | | 掌握利息的本质及计算 | | 7 | | |
| | | 掌握利率的种类、影响因素及作用 | | 8 | | |
| 能力评价（20分） | 分辨能力 | 能够区分通货膨胀与通货紧缩 | | 5 | | |
| | 判断能力 | 能够判断通货膨胀与通货紧缩的程度 | | 7 | | |
| | 分析能力 | 能够分析通货膨胀和通货紧缩出现的原因、可能产生的影响及应对之策 | | 8 | | |
| 成果评价（40分） | 任务拓展 | 能够清楚地识别不同场景中货币的职能 | | 6 | | |
| | | 能够详细、准确地分析利率对房价、就业及投资的影响 | | 8 | | |
| | | 能够全面、准确地描述特定历史时期通货膨胀的影响、政府的应对之策及整个事件带给人们的启示 | | 10 | | |
| | | 能够全面、准确地描述特定历史时期通货紧缩的影响及政府的应对之策 | | 8 | | |
| | 项目考核 | 能够迅速、准确地完成相应习题 | | 8 | | |
| 合计 | | | | 100 | | |
| 总评 | 自评（30%）+师评（70%）= | | | 教师（签名）： | | |

# 项目五
# 金融机构体系

## 项目导读

　　金融机构又称"金融中介机构"，是指从事金融活动的组织。金融机构作为社会资金运动的组织者和运营者，在金融活动中扮演着载体和媒介的重要角色。我国目前的金融机构体系呈现出以中央银行为核心、国有商业银行为主体、多种金融机构并存的格局。通过学习金融机构体系的相关知识，学生可以提升自己的金融素养和综合能力，为未来的职业发展做好准备。本项目主要介绍了中央银行、商业银行、政策性银行和其他金融机构。

## 学习目标

### 知识目标

（1）熟悉中央银行、商业银行和政策性银行的性质、职能和主要业务。

（2）掌握中央银行的货币政策。

（3）了解非银行金融机构的形式。

### 能力目标

（1）能够系统阐述我国金融机构体系的组成。

（2）能够区分各种金融机构的职能。

### 素养目标

（1）培养关注宏观经济政策的积极性和主动性。

（2）提升职业道德和社会责任感，为金融行业的健康发展作贡献。

## 法策之窗

　　《中华人民共和国中国人民银行法》是政府为了确立中国人民银行的地位，明确其职责，保证国家货币政策的正确制定和执行，建立和完善中央银行的宏观调控体系，维护金融稳定而制定的法律。《中华人民共和国商业银行法》是政府为了保护商业银行、存款人和其他客户的合法权益，提高信贷资产质量，规范商业银行的行为，加强监督管理，维护金融秩序而制定的法律。

　　扫一扫右边的二维码，了解与本项目相关的法律法规。

项目五相关的法律法规

# 任务一　中央银行

## 为什么银行不能偷偷地印很多钱

某镇政府为了加快本地区经济的发展，决定投资一个 6 000 万元的大项目。对于资金不足这个问题，镇长找到当地的一家银行，准备申请贷款。由于该镇过去几年投资的多个工程项目均未成功，且拖欠银行数千万元的贷款未还，相关负责人在贷款审批上持谨慎态度，并未立即表态。但是，镇长认为，银行的钱归根结底属于国家，即使项目失败导致资金损失，银行也可以通过增发货币来弥补。对此，相关负责人严肃地说："即使是银行，也不能无限制地印发钞票。况且，并不是任何一家银行都有资格印发钞票。"

思考：有资格印发钞票的是哪种银行？银行为什么不能偷偷地印很多钱？

## 一、中央银行的职能

中央银行是指在一国金融体系中居于主导地位，主要负责制定和执行该国的货币政策，并独享该国货币发行权的金融管理机构。我国的中央银行是中国人民银行，其发行的法定货币是人民币，其职能包括发行的银行、银行的银行、国家的银行。

中央银行的历史

### （一）发行的银行

发行的银行是指中央银行垄断国家货币的发行权，是国家唯一发行货币的机构，肩负着调节货币流通和维护币值稳定的责任。

需要注意的是，中央银行在发行货币时，应根据经济发展情况对货币发行量进行适度调整，使货币供给与货币需求保持均衡，避免货币发行过多带来通货膨胀。此外，中央银行还应灵活运用货币政策工具对国家的信贷规模和货币供给量进行调节和控制，以保证金融市场的稳健运行。

### （二）银行的银行

银行的银行是指中央银行以商业银行和其他金融机构为业务对象，通过一系列活动对它们施以有效影响，以充分发挥金融管理的职能。该职能具体表现在中央银行集中存款准备金、充当最后贷款人和组织全国清算等方面。

### （三）国家的银行

国家的银行是指中央银行代表国家制定并执行相关的金融法规，监督和管理各项金融活动。该职能具体表现在中央银行代理国库、代理发行政府债券、为国家提供信贷支持、保管外汇和黄金储备等方面。

## 二、中央银行的主要业务

中央银行的主要业务包括负债业务、资产业务和清算业务。

### （一）负债业务

负债业务是中央银行资金来源的主要业务，包括货币发行业务、代理国库业务和存款准备金业务。

#### 1. 货币发行业务

货币发行是指中央银行根据国务院批准的货币发行计划，将货币投放到流通领域中的行为。这个过程涉及中央银行的发行库和商业银行的业务库之间的货币调拨，使货币从中央银行的发行库出发，通过各家商业银行的业务库流向社会。通过发行货币，中央银行既为商品提供了流通手段和支付手段，又增加了社会资金。

#### 2. 代理国库业务

各行政事业单位的财政性存款在支出之前，会先存放在中央银行，由此构成了中央银行的负债业务。中央银行代理国库的主要目的是保障国库资金的安全、完整和及时拨付，以促进财政与金融的协调发展，其主要工作包括按国家预算要求代收国库库款、拨付财政支出、向财政部门反映预算支出情况等。

#### 3. 存款准备金业务

存款准备金包括法定存款准备金和超额存款准备金。法定存款准备金是指法律规定商业银行必须存放在中央银行的资金。超额存款准备金是指由商业银行自行决定，存放在中央银行且超出法定存款准备金的资金。中央银行的存款准备金业务在保障客户资金安全、维护金融市场稳定、调控宏观经济等方面发挥着重要作用。

### （二）资产业务

资产业务是中央银行运用资金的主要业务，包括贷款业务、再贴现业务、公开市场业务和国际储备业务。

### 1. 贷款业务

贷款业务是中央银行主要的资产业务之一，也是中央银行向社会提供基础货币的重要渠道。中央银行一般采用信用贷款或者抵押放款的方式，向商业银行等金融机构或政府提供资金。

（1）商业银行贷款。这种贷款被称为"再贷款"，是中央银行贷款业务中的主要部分。它是中央银行为解决商业银行在信贷业务中发生临时性资金周转困难而发放的贷款，是中央银行作为银行的银行的具体表现。

（2）政府贷款。这种贷款是在政府财政出现严重赤字且无法通过其他渠道筹集资金时，中央银行作为最后贷款人向政府提供的短期贷款。

### 2. 再贴现业务

再贴现业务是中央银行对商业银行的融资业务。当商业银行存在资金困难时，中央银行以再贴现的方式承办商业银行所持有的已贴现但尚未到期的商业票据。

### 3. 公开市场业务

公开市场业务是指中央银行在金融市场上买卖有价证券的活动。这里的有价证券主要是指国家债券。这不仅影响商业银行等金融机构的可用资金，还对整个经济体系的货币供给和利率水平产生影响。

### 4. 国际储备业务

国际储备业务是指中央银行在国内外市场上从事黄金、外汇等买卖活动，以调节国家的国际储备。这有助于平衡国际收支，稳定金融市场，促进对外贸易的顺利进行。

## （三）清算业务

清算业务又称"中间业务"，是由中央银行为商业银行等金融机构办理债权债务清偿和资金转移的业务，包括组织票据交换和清算、办理异地资金转移。

### 1. 组织票据交换和清算

票据交换和清算是指同一城市中各银行对相互间收付的票据进行的当日清算。当收到客户提交的票据后，银行会按照票据交换的规定和流程，将代收的票据提交给票据交换所或票据清算中心。票据交换所或票据清算中心会在规定的时间和场次内，将所有参与交换的票据进行集中交换和清算。

票据交换和清算一般由中央银行组织管理。具体操作是，中央银行先集中处理各银行间的票据，计算出各机构收付相抵后的差额，然后将这些差额通过各商业银行在中央银行的存款账户进行清算，实现资金的最终转移。

这种机制有助于提高资金清算的效率和准确性，减少银行间的结算风险，并促进金融市场的稳定和发展。随着科技的发展，票据交换和清算的方式也在不断改进和创新。

### 2. 办理异地资金转移

各地区、各城市间的资金往来，通过银行汇票实现资金的汇进汇出。这种异地的资金转移，通常需要通过中央银行统一办理。

中央银行办理异地资金转移的方法主要包括以下两种：一是各金融机构内部先组成联行系统（该系统通常包括总行、分行、支行等多级机构），实现内部资金的快速划转和清算，然后各金融机构的总行将内部清算后的异地资金转移需求提交给中央银行总行，中央银行总行负责处理各金融机构之间的转账结算请求；二是各金融机构将异地票据统一传送到中央银行总行办理轧差转账。

### 📄 财经术语

> 轧差是指预收款和付款之间的差额。

## 三、中央银行的货币政策

货币政策作为国家经济政策的重要组成部分，是国家调节经济活动的重要手段。

### （一）货币政策的目标

#### 1. 货币政策的最终目标

中央银行实施货币政策的最终目标是物价稳定、经济增长、充分就业和国际收支平衡。

（1）物价稳定是指一般物价水平在短期内不发生显著的或急剧的波动。

（2）经济增长是指一国的总产出、国内生产总值或国民收入的增长，特别是一国的人均产出、人均国内生产总值或人均收入的增长。

（3）充分就业是指在某一工资水平之下，所有愿意工作的人，都获得了就业机会。需要注意的是，充分就业不等于全部就业或者完全就业。

（4）国际收支平衡是指一个国家对其他国家的全部货币收入与全部货币支出保持略有顺差或略有逆差的基本平衡。

#### 2. 货币政策的中介目标

货币政策的中介目标是中央银行为实现最终目标而设置的可供观测和调整的中间性操作指标。货币政策的中介目标主要包括以下两类。

一类是与最终目标紧密相关的效果指标，如利率和货币供应量。这类目标可在货币政策实施后期，为中央银行提供反馈信息，以便其衡量货币政策达到最终目标的效果。其中，利率反映了货币市场的供求状况，对投资和消费有直接影响；货币供应量则直接影响市场的流动性，进而影响经济增长和物价稳定。

另一类是中央银行通过货币政策工具能够直接控制的操作目标，如基础货币和存款准备金。这类目标可在货币政策实施过程中，为中央银行提供直接的和连续的反馈信息，以便其衡量货币政策实施的初步影响。

## （二）货币政策工具

货币政策工具是中央银行为了实现货币政策的最终目标而采取的措施或手段。按影响范围的不同，货币政策工具可分为一般性货币政策工具、选择性货币政策工具和其他货币政策工具。

### 1. 一般性货币政策工具

一般性货币政策工具是指中央银行普遍运用的货币政策工具，包括公开市场业务、存款准备金和再贴现。

#### 1）公开市场业务

公开市场业务的操作手段是中央银行在公开市场上买进或卖出债券，以增加或减少基础货币的投放。这一操作不仅直接影响商业银行的信贷规模和货币供给量（通过货币乘数作用使货币供给量成倍扩张或收缩），而且通过影响市场利率、市场预期等，对宏观经济和金融市场产生广泛而深远的影响。

> **财经术语**
>
> 货币乘数是指中央银行创造或减少一单位基础货币能使货币供应量扩张或收缩的倍数。其数值约等于存款准备金率的倒数。

#### 2）存款准备金

中央银行要求商业银行按照法定比例上缴一部分存款作为准备金，以控制商业银行的信贷扩张能力。这是中央银行调控货币供应量的重要手段。

当中央银行决定上调法定存款准备金率时，商业银行必须向中央银行缴纳更多的法定存款准备金，商业银行可用于贷款和投资活动的资金量会减少，信贷规模和投资规模随之缩减，再加上货币乘数的影响，货币供给量会减少。反之，当中央银行降低法定存款准备金率时，货币供应量会增加。

> **课堂讨论**
>
> 中央银行调整法定存款准备金率对企业有何影响？

#### 3）再贴现

再贴现的调节机制主要体现在以下几个方面。

（1）如果中央银行提高再贴现率，则商业银行的融资成本增加、可获得的资金减少，信贷规模和投资规模随之缩小，货币供应量减少。反之，货币供应量增加。

（2）如果中央银行提高再贴现率，则商业银行为了增加收益可能会提高贷款利率，这就会使企业的投资需求下降，商业银行的贷款数量下降，货币供应量减少。反之，货币供应量增加。

（3）再贴现率的提高，意味着中央银行采取了紧缩的货币政策；反之，则意味着中央银行采取了宽松的货币政策。这种告示作用反映了中央银行的政策意图，引导商业银行和社会公众依据政策意图来调节自身的经济行为，从而使中央银行的货币政策目标顺利实现。

### 2. 选择性货币政策工具

选择性货币政策工具是中央银行针对不同部门、不同企业和不同用途的信贷而采取的政策工具。选择性货币政策工具包括消费信贷控制、不动产信用控制、证券市场信用控制和优惠利率。

#### 1）消费信贷控制

消费信贷控制是指中央银行对消费者购买不动产以外的各种耐用消费品的信用规模、期限等要素采取的限制性措施。消费信贷控制主要是规定消费信贷首次付款的最低金额、消费信贷的最长期限、适用消费信贷的消费品种类、不同消费品的放款期限等。消费信贷控制的目的是调节社会消费需求。

#### 2）不动产信用控制

不动产信用控制是指中央银行对商业银行办理不动产抵押贷款的限制性措施。不动产信用控制主要是规定不动产贷款的最高金额、最长期限、首次付款最低金额、分期付款中分期还款的最低金额等。不动产信用控制的目的是控制不动产市场的信贷规模，抑制过度投机，维护不动产市场的稳定。

#### 3）证券市场信用控制

证券市场信用控制是指中央银行通过规定有价证券交易的法定保证金比率，来限制以信用方式购买有价证券的管理措施。其中，法定保证金比率是指中央银行对以信用方式购买股票或其他有价证券所规定的，购买者首次支付金额占证券交易价格的最低比率。证券市场信用控制的目的是防止证券投机，保障证券市场的稳定运行。

#### 4）优惠利率

优惠利率是指中央银行对国家产业政策要求重点发展的经济部门或产业制定较低的利率。优惠利率的目的在于刺激相关部门的生产，调动其积极性，实现产业结构和商品结构的调整。

### 3. 其他货币政策工具

除了一般性货币政策工具和选择性货币政策工具，中央银行还可以根据本国的具体情况和不同时期的要求，运用一些其他货币政策工具，对信用进行直接控制或间接控制。例如，存贷款利率最高限制、流动性比率（流动性资产占存款的比重）限制等。

## 📖 财经视野

### 货币政策的时滞

货币政策的时滞是指从需要制定政策到政策产生效果所耗费的时间。就总体过程而言，货币政策的时滞可分为内部时滞和外部时滞。

内部时滞是指作为货币政策操作主体的中央银行从制定政策到采取行动所耗费的时间。当经济形势发生变化，中央银行意识到应当调整政策，到着手制定政策，再到实施政策，每一步都需要耗费一定的时间。外部时滞是指从中央银行采取行动实施政策，到这一政策产生效果所耗费的时间，一般比内部时滞耗费的时间长。这也是作为货币政策调控对象的金融机构及企业对中央银行实施货币政策的反应过程。

### （三）货币政策与财政政策

#### 1. 货币政策与财政政策的类型

货币政策与财政政策都有宽松和紧缩两种政策类型，如表 5-1 所示。

表 5-1 货币政策与财政政策的类型

| 类型 | 宽松 | 紧缩 |
| --- | --- | --- |
| 货币政策 | 宽松的货币政策是指中央银行通过买进债券、降低法定存款准备金率、降低再贴现率等方式来增加货币供应量，从而刺激经济活动，促进经济增长的政策，一般在经济萧条或衰退时采用 | 紧缩的货币政策是指中央银行通过卖出债券、提高法定存款准备金率、提高再贴现率、实施信贷控制等方式来减少货币供应量，从而降低社会总需求增长的政策，一般在通货膨胀较严重或经济过热时采用 |
| 财政政策 | 宽松的财政政策是指政府通过减少税收、增加支出等财政分配活动来刺激社会总需求的政策，一般在社会总需求不足、经济增长放缓或面临衰退时采用 | 紧缩的财政政策是指政府通过增加税收、减少支出等财政分配活动来减少或抑制社会总需求的政策，一般在社会总需求大于社会总供给或经济过热时采用 |

#### 2. 货币政策与财政政策的特点和区别

虽然货币政策与财政政策在宏观调控中的作用一致，且它们的作用机制都是通过调节企业、居民的投资活动和消费活动来达到政策目标。但是，货币政策与财政政策在实施对象、作用过程、政策工具等方面各有特点。

（1）政策的实施对象和作用过程不同。货币政策的实施对象是货币运动过程，以调控货币供给的结构和数量为初步目标，进而影响整个社会经济生活；财政政策的实施对象是国民收入再分配过程，以改变国民收入再分配的数量和结构为初步目标，进而影响整个社会经济生活。

（2）政策工具不同。货币政策使用的工具通常与中央银行的货币管理业务活动相关，主要是公开市场业务、存款准备金、再贴现等；财政政策使用的工具一般与政府收支活动相关，主要是税收和支出。

因此，在具体政策的确定和实施过程中，财政政策与货币政策需要相互配合。同时，政府可采用不同的组合模式，以确保政策目标的实现。

#### 3. 货币政策与财政政策配合的模式

货币政策与财政政策配合的模式主要有以下 4 种：① "双松"政策，即宽松的财政政策与宽松的货币政策相配合。② "双紧"政策，即紧缩的财政政策与紧缩的货币政策相配合。③ "紧财政、松货币"政策，即紧缩的财政政策与宽松的货币政策相配合。④ "松财政、紧货币"政策，即宽松的财政政策与紧缩的货币政策相配合。

在 "双紧" "双松" 政策下，政府采取的政策方向是相同的。例如， "双紧" 政策是同时收紧货币和财政，减少市场上的货币供给量和政府开支，进而抑制经济过热或通货膨胀。因为两个政策 "劲儿往一处使"，所以它们对经济的影响较大，效果也较明显。但是，这种政策组合具有较强的惯性，一旦政策开始改变，其影响会持续一段时间。

在 "一松一紧" 政策下，政府采取的政策方向是相反的。例如，政府一边提高利率来防止通货膨胀，一边减少税收、增加政府支出来刺激经济。这种政策组合对经济的影响不是很明显，也不会一下子产生很大的效果。但是，这种政策组合的效果会比较稳定，不容易出现大起大落的情况。

## 任务拓展

中央银行可以通过买卖国债来调节货币供给量。两人一组，回顾改革开放以来国债的发展历程，结合具体案例，分析国债的发行与回购对货币供给量的影响。

## 任务二　商业银行

### 任务导入

#### 小张的创业之路与商业银行的助力

某高校毕业生小张想要开一家咖啡馆，却因资金短缺而受阻。幸运的是，他了解到商业银行提供创业贷款服务，可以帮他克服资金短缺的困难。经过细致的市场调研后，小张制订了一份详细的商业计划，并向商业银行提交了贷款申请。凭借出色的商业计划和良好的信用记录，他成功获得了启动资金。咖啡馆开业后，小张充分利用商业银行的支付结算、信息咨询、资金管理等金融服务，有效提升了运营效率。随着生意越来越好，他按时还款，不仅实现了创业梦，还积累了良好的个人信用。

思考：商业银行的主要业务有哪些？

## 一、商业银行的职能

商业银行是以营利为目的，主要从事存贷款业务的金融机构。作为一国金融体系中不可或缺的金融中介机构，其职能主要包括信用中介、支付中介、信用创造和金融服务。

### （一）信用中介

信用中介是商业银行最基本、最能反映其经营活动特征的职能。商业银行通过吸收存款、借款等负债业务将社会中的闲散资金集中起来，再将这部分资金通过贷款、投资等资产业务提供给资金短缺者使用。

在这个过程中，商业银行作为信用中介，完成了资金从盈余者手中向短缺者手中的间接转移，解决了资金盈余者和资金短缺者之间直接借贷的各种问题，如货币资本数量、借贷时间、借贷空间和借贷期限的不一致，以及双方之间彼此不信任的问题。

此外，商业银行作为信用中介，有助于降低社会总资本的闲置份额，扩大社会生产与流通中的资金数量，促进经济发展。

### （二）支付中介

支付中介是商业银行的核心职能之一，为商品交易的货币结算提供了一种付款机制。商业银行作为支付中介，通过结转客户在银行账户的余额为其办理资金结算。这种方式减少了现金的使用频率和社会的流通费用，加速了资本的周转。

### （三）信用创造

信用创造是在信用中介和支付中介的基础上产生的。商业银行的信用创造机制基于存款准备金制度的实现。银行吸收活期存款后，按中央银行规定的存款准备金率留存部分资金，剩余资金则通过发放贷款或购买证券等方式投放市场；由于贷款并非以现金形式支付，而是直接转化为借款人在银行的存款账户余额，这笔新存款又成为银行可再次放贷的资金来源。通过存款——贷款——再存款的循环，原始存款在银行体系内被多次重复使用，最终派生的存款总量可达原始存款的1/存款准备金率倍，由此实现货币供给的信用扩张。这一过程本质上是通过记账方式创造非现金货币，体现商业银行在金融体系中的独特货币创造功能。

需要注意的是，商业银行的信用创造不是无限制的，会受一些因素的制约。首先，商业银行的信用创造是在原始活期存款的基础上进行的，其限度取决于原始存款的规模；其次，存款准备金率也是制约商业银行信用创造的因素，且与商业银行的信用创造能力成反比；最后，信用创造要建立在贷款需求的基础之上，只有将吸收的存款贷放出去，商业银行才能创造出新的存款货币。

**财经视野**

## 货币供给机制

货币供应的全过程，是由中央银行供应基础货币，以形成商业银行的原始存款，而商业银行在原始存款的基础上创造派生存款，最终形成货币供应总量的过程。货币供给量（$M_S$）等于基础货币（$B$）与货币乘数（$K$）之积，即

$$M_S=K \cdot B$$

由此可以看出，中央银行只要能控制基础货币与货币乘数，就能有效调控货币供应量。

**一、基础货币**

基础货币又称"高能货币"，是指流通中的现金（$C$）与商业银行的存款准备金（$R$）之和，即

$$B=C+R$$

其中，商业银行在中央银行的存款准备金（$R$）包括活期存款准备金（$R_r$）、定期存款准备金（$R_t$）和超额存款准备金（$R_e$）。因此，全部基础货币可表示为

$$B=C+R_r+R_t+R_e$$

基础货币的构成虽然比较复杂，但都是由中央银行的资产业务创造的，并由中央银行直接控制。中央银行投放基础货币的渠道主要包括以下几种：① 对商业银行等金融机构提供贷款。② 通过收购黄金、外汇等储备资产而投放货币。③ 通过购买政府债券等方式而投放货币。如果中央银行能够有效控制基础货币的投放量，那么调控货币供应量的关键就在于货币乘数。

**二、货币乘数**

货币乘数是货币供应量与基础货币的比率，即

$$K=M_S/B$$

货币乘数表示每一份基础货币的变动所引起的货币供应量的倍增或倍减，受存款准备金率、定期存款与活期存款的比例等多种因素的影响。

### （四）金融服务

商业银行作为金融机构，可以利用其专业的团队、先进的技术等资源，为客户提供多样化的金融服务。这些服务不仅涵盖了传统的存贷款业务，还包括了信息咨询、融资代理、信托租赁、代收代付等业务。商业银行的金融服务对于满足客户需求、提升银行竞争力、促进经济发展等具有重要意义。

## 财经视野

### 我国商业银行的类型

我国商业银行的类型主要有国有商业银行、股份制商业银行、城市商业银行和农村商业银行。

国有商业银行共6家，包括中国工商银行、中国农业银行、中国银行、中国建设银行、交通银行和中国邮政储蓄银行。

股份制商业银行共12家，包括招商银行、浦发银行、中信银行、中国光大银行、华夏银行、中国民生银行、广发银行、兴业银行、平安银行、浙商银行、恒丰银行和渤海银行。

城市商业银行是为中小企业提供金融支持，为地方经济搭桥铺路的商业银行，如北京银行、天津银行、上海银行、江苏银行、中原银行等。

农村商业银行是由辖内农民、农村工商户、企业法人和其他经济组织共同入股组成的地方性金融机构，数量众多，如北京农商银行、上海农商银行、天津农商银行、长春农商银行等。

## 二、商业银行的主要业务

商业银行的主要业务包括负债业务、资产业务和中间业务。

**商业银行的经营管理原则**

### （一）负债业务

负债业务是商业银行资金来源的主要业务，也是商业银行资产业务的前提和条件，包括吸收存款业务和其他负债业务。

#### 1. 吸收存款业务

吸收存款业务包括活期存款业务、定期存款业务和储蓄存款业务。

##### 1）活期存款业务

活期存款业务，即不规定存款期限，客户可以随时存取和转账的存款方式。活期存款的利率通常较低，但因其具有较高的灵活性和便利性，广受客户欢迎。这种存款形式为商业银行提供了重要的资金来源，也是银行创造存款货币的重要条件之一。

##### 2）定期存款业务

定期存款业务，即规定存款期限，客户在一定期限后按约定利率获得本金和利息的存款方式。定期存款以固定的存款期限和相对较高的利率为特点，为客户提供了一种稳健的理财方式。商业银行通过定期存款业务，可以稳定地吸收资金并将其用于贷款等其他业务。

### 3）储蓄存款业务

储蓄存款业务是商业银行为个人提供的一种金融服务，它允许个人将闲置资金存入银行，并根据存款类型和期限享受相应的利息收益。通过储蓄存款业务，商业银行可以集中社会闲散资金，支持经济发展。

### 2．其他负债业务

其他负债业务包括向中央银行借款业务、银行同业拆借业务、发行金融债券业务、国际货币市场借款业务等。

### 1）向中央银行借款业务

一般来说，商业银行向中央银行借款的主要目的是缓解资金不足，而非谋利。借款形式主要包括以下几种：① 再贴现，即商业银行把自己办理贴现业务所买进的未到期票据，如商业票据、短期国库券等，转卖给中央银行。② 直接借款，即商业银行将自己持有的银行承兑汇票、政府公债等有价证券作为抵押品，向中央银行取得抵押贷款。

### 2）银行同业拆借业务

银行同业拆借是指商业银行之间的资金融通，其主要目的是解决银行临时资金周转需求。这种业务的借款期限一般为短期，有的只有一日，且利率较低。需要注意的是，银行同业拆借业务是商业银行通过在中央银行的存款账户进行的，即通过中央银行把款项从拆出行账户划转到拆入行账户，或采取同业存款及回购协议等形式进行。

### 3）发行金融债券业务

发行金融债券是商业银行采取的一种中长期筹资策略。由于商业银行普遍享有较高的信誉评级，使得金融债券相对容易成功发行，并受到投资者的青睐。同时，这类债券的利率往往高于同期的存款利率，以确保其在市场上的流通性和可转让性，进而吸引更多的投资者。

### 4）国际货币市场借款业务

国际货币市场借款业务是指商业银行为满足自身资金需求或支持客户项目，在国际金融市场上通过向外国银行或金融机构借入各种货币资金的行为。这种借款业务的资金来源广泛、贷款期限灵活，有助于商业银行拓宽融资渠道、降低融资成本、提升国际竞争力。

## （二）资产业务

资产业务是商业银行运用资金的主要业务，包括贴现业务、贷款业务、证券投资业务和租赁业务。

### 1．贴现业务

贴现是商业银行应客户的要求，买进其未到期票据的行为。办理贴现业务时，商业银行会根据票面金额及既定贴现率，计算出从贴现日起到票据到期日止这段时间的贴现利息，并将扣除贴现利息后的余额部分支付给客户。票据到期时，商业银行应持票据向票据载明的支付人索取与票据面额等额的资金。未到期票据贴现付款额的计算公式为

未到期票据贴现付款额＝票据面额×（1−年贴现率×未到期天数/365）

假设某商业银行以 10% 的年贴现率，为客户的一张面额为 10 000 元、73 天后到期的票据办理贴现，则未到期票据贴现付款额为 9 800 元 [10 000×（1−10%×73/365）]，贴现利息为 200 元（10 000−9 800）。

### 2. 贷款业务

贷款业务是商业银行作为贷款人，按照一定的贷款原则和政策，以还本付息为条件，将一定数量的货币资金提供给借款人使用的一种借贷行为。贷款业务是商业银行资产业务中比较重要的部分，也是其利润的主要来源。一般情况下，贷款的规模和结构对商业银行的经营成败具有决定意义，其经营结果直接影响商业银行的安全性、流动性和营利性目标的实现。

按不同的标准划分，贷款主要包括以下几个类型。

#### 1）按期限分类

按期限的不同，贷款可分为短期贷款、中期贷款和长期贷款，如表 5-2 所示。

表 5-2　贷款按期限分类

| 类型 | 具体内容 |
| --- | --- |
| 短期贷款 | 通常指贷款期限不超过 1 年的贷款 |
| 中期贷款 | 通常指贷款期限为 1~5 年的贷款 |
| 长期贷款 | 通常指贷款期限超过 5 年的贷款 |

#### 2）按是否有抵押品分类

按是否有抵押品，贷款可分为抵押贷款和信用贷款，如表 5-3 所示。

表 5-3　贷款按是否有抵押品分类

| 类型 | 具体内容 |
| --- | --- |
| 抵押贷款 | 以特定的抵押品作担保的贷款。抵押品可以是应收账款、机器设备、房产、车辆等资产 |
| 信用贷款 | 无抵押品作担保的贷款，一般是贷给那些信用良好的借款人。对于这种贷款，商业银行会收取较高的利息，并附加一定的条件，如提供资产负债表、个人收支计划、借款用途等 |

#### 3）按对象分类

按对象的不同，贷款可分为工商业贷款、农业贷款和消费贷款，如表 5-4 所示。

表 5-4　贷款按对象分类

| 类型 | 具体内容 |
| --- | --- |
| 工商业贷款 | 通常用于工商企业补充流动资产或扩大生产规模。在商业银行的贷出款项中，工商业贷款的占比较大 |
| 农业贷款 | 短期的农业贷款主要用于购买种子、肥料、农药等，长期的农业贷款主要用于改良土壤、建造水利设施等 |
| 消费贷款 | 又称"消费者贷款"，是商业银行以消费者信用为基础，对消费者个人发放的用于购置耐用消费品或支付其他费用的贷款 |

## 巧用多种贷款，助力农业生产

　　李某是一名年轻的农民企业家，他通过分阶段、有针对性地利用农业贷款、工商业贷款和消费贷款，逐步解决了农业生产中的资金需求问题。在生产初期，他利用短期农业贷款购买了高质量的种子、肥料和农药，同时申请了长期农业贷款，用于改良土壤和改善灌溉条件。随着生产规模的扩大，他又向银行申请了工商业贷款，用于购买更多的农业机械设备，扩大农产品加工规模。此外，他还申请了消费贷款，购置了一辆农用车，方便农产品的运输。通过合理利用不同类型的贷款，李明的农业生产逐渐走向规模化、现代化。

### 3．证券投资业务

　　证券投资业务是商业银行为增加其收益而在证券市场上买卖有价证券的行为。证券投资业务在商业银行增加收益、保持流动性和分散风险等方面发挥了重要作用。

### 4．租赁业务

　　租赁业务是商业银行作为出租人向客户提供租赁服务的行为。租赁包括融资租赁和经营租赁。融资租赁是指当客户需要更新或添置设备而资金不足时，由商业银行出资购买这些设备后长期出租给客户，并通过收取租金来逐步收回资金的行为。经营租赁是指商业银行向客户提供短期设备出租的服务，其租金通常高于融资租赁的租金。

　　两种租赁形式的区别在于：经营租赁出租的设备通常由出租人根据市场需求和自身资源选定，然后再寻找承租人；而融资租赁出租的设备通常由承租人提出购买要求或由承租人直接从制造商或销售商那里选定。

### （三）中间业务

　　中间业务是商业银行代表客户办理收款、付款和其他委托事项，并从中收取手续费的业务，包括转账结算业务、信托业务、代理业务和银行卡业务。

### 1．转账结算业务

　　转账结算又称"非现金结算"，是指商业银行通过划转客户存款余额的方式来实现资金收付的行为。转账结算有利于加速资金周转，聚集闲散资金，扩大商业银行的信贷资金来源。

### 2．信托业务

　　信托业务是指商业银行以受托人的身份接受客户委托，代表客户管理其特定财产的行为。在开展信托业务时，商业银行管理的是客户的信托资产，并据此向客户收取手续费、佣金等费用。

### 3．代理业务

　　代理业务是指商业银行接受委托，以代理人的身份代表委托人办理一些双方事先约定业务的行为。在代理业务中，委托人与商业银行之间通常会以契约的形式明确双方的权利和义务，包括代理的范围、内容、期限等，由此形成一定的法律关系。同时，商业银行会向委托人收取一定的报酬，即代理手续费或佣金。

#### 4. 银行卡业务

银行卡业务是商业银行中间业务的重要组成部分，涵盖了银行卡的发行、管理、使用及相关的金融服务。银行卡作为商业银行向社会发行的具有消费信用、转账结算、存取现金等功能的信用支付工具，不仅减少了现金和支票的流通，提高了支付效率，还使银行业务突破了时间和空间的限制，实现了银行业务的现代化和便捷化。

### 课堂讨论

你在商业银行办理过哪些业务？

### 任务拓展

两人一组，利用互联网查找资料，并分析商业银行应该如何防范风险，确保稳健经营。

## 任务三　政策性银行

### 任务导入

#### 为乡村振兴注入金融活水

2023 年以来，中国农业发展银行崇仁县支行累计投放中长期贷款 6.98 亿元，支持农村产业、农村路网等重点领域，为当地农业"浇灌"金融活水。

（1）优化农业结构，打造现代蔬菜基地。崇仁县的自然条件良好，适合种植果蔬。但该区域的农业存在大而不强、大而不精、大而不优的特点。对于这一现象，该行主动适应政策变化，全力探索农业结构战略性调整方案，累计投放 1.94 亿元贷款，倾力支持崇仁县果蔬产业基地建设，促进当地农业结构调整、拓展区域农业新领域、引导农民学习和掌握现代农业新技术，为实现农民增收创造条件。

（2）优化交通枢纽，改造失修农村公路。为了提升当地乡村公路的建设质量，该行深化与当地政府、交通局等有关职能部门的合作，发放农村公路升级改造工程贷款 3 亿元，助力消除制约本县农村发展的交通瓶颈，为群众发家致富提供更好的交通保障。

（3）优化资源配置，建设园区标准厂房。2023 年以来，该行累计投放城乡一体化贷款 1.28 亿元，支持本县高新数字经济产业园建设项目，将当地资源优势转化为经济优势，从而为招商引资项目的实施提供一个理想的建设平台，助力群众增收致富。

（资料来源：邱烨、帅筠，《农发行崇仁县支行：为乡村振兴注入金融活水》，

人民网，2023 年 12 月 19 日）

**思考**：中国农业发展银行属于什么类型的银行？该类银行有哪些？

## 一、政策性银行的特点

政策性银行是指由政府创立的，以贯彻政府的经济政策为目标，在特定领域开展金融业务且不以营利为目的的专业性金融机构。与其他银行相比，政策性银行具有以下特点。

（1）政策性银行的经营原则是以国家的整体利益和社会效益为主，力争保本微利。

（2）政策性银行的资金来源有财政拨付、向中央银行举债或发行金融债券，一般不面向公众吸收存款。

（3）政策性银行有特定的业务领域，与商业银行之间不存在直接的竞争关系。

### 课堂讨论

政策性银行与商业银行有哪些区别？

## 二、我国的政策性银行

1994 年，我国成立了 3 家政策性银行——国家开发银行、中国农业发展银行和中国进出口银行。

（一）国家开发银行

国家开发银行是国家出资设立、直属国务院领导、支持中国经济重点领域和薄弱环节发展、具有独立法人地位的国有政策性银行。

1. 国家开发银行的主要任务

国家开发银行的主要任务是按照国家有关政策，筹集和引导境内外资金，向国家基础设施、基础产业、支柱产业等领域的发展和国家重点项目建设提供资金支持，控制和调节固定资产投资总量，优化投资结构。

2. 国家开发银行支持的领域

国家开发银行支持的领域主要包括：① 基础设施、基础产业、支柱产业、公共服务

和管理等经济社会发展的领域。② 新型城镇化、城乡一体化及区域协调发展的领域。③ 传统产业转型升级和结构调整，以及节能环保、高端装备制造等提升国家竞争力的领域。④ 保障性安居工程、乡村振兴、助学贷款、普惠金融等增进人民福祉的领域。⑤ 科技、人文交流等国家战略需要的领域。⑥ "一带一路"建设、国际产能和装备制造合作、基础设施互联互通、能源资源、中资企业"走出去"等国际合作领域。⑦ 配合国家发展需要和国家金融体制改革的相关领域。⑧ 符合国家发展战略和政策导向的其他领域。

国家开发银行助学贷款
项目介绍

### （二）中国农业发展银行

中国农业发展银行是由国家出资设立、直属国务院领导、支持农业农村持续健康发展、具有独立法人地位的国有政策性银行。

#### 1. 中国农业发展银行的主要任务

中国农业发展银行的主要任务是依托国家信用支持，在农村金融体系中发挥主体和骨干作用，加大对农业农村重点领域和薄弱环节的支持力度，推动经济社会持续健康发展。

#### 2. 中国农业发展银行的业务范围

中国农业发展银行的业务范围包括但不限于办理粮食、棉花、油料、猪肉、食糖等农副产品的国家专项储备贷款，办理农业综合开发贷款，以及国家确定的小型农、林、牧、水基本建设和技术改造贷款等业务。

### （三）中国进出口银行

中国进出口银行是由国家出资设立、直属国务院领导、支持中国对外经济贸易投资发展与国际经济合作、具有独立法人地位的国有政策性银行。

#### 1. 中国进出口银行的主要任务

中国进出口银行的主要任务是执行国家产业政策和外贸政策，为扩大机电产品和成套设备等资本性货物出口提供政策性金融支持。

#### 2. 中国进出口银行的业务范围

中国进出口银行的业务范围包括但不限于办理配合国家对外贸易和"走出去"领域的短期、中期和长期贷款，含出口信贷、进口信贷、对外承包工程贷款、境外投资贷款、中国政府援外优惠贷款、优惠出口买方信贷等业务。

## 任务拓展

两人一组，通过案例分析不同政策性银行是如何利用政策优势来推动经济发展的。

# 任务四 非银行金融机构

## 监管层频频出手，又见券商被罚

2024年2月，监管机构对于券商违规行为频频出手。中山证券有限责任公司因私募资管业务存在关联交易管控机制不完善、内部控制不严、宣传合规性不足等问题被证券监督管理委员会采取了责令改正的行政监管措施。申万宏源证券有限公司和平安证券股份有限公司因违规发行债券被证券监督管理委员会采取了责令改正和出具警示函的行政监管措施。

（资料来源：深圳证监局，《深圳证监局关于对中山证券有限责任公司采取责令改正措施的决定》，中国证券监督管理委员会，2024年2月4日）

思考：什么是券商？其业务范围包括哪些内容？以上案例给人们带来了哪些启示？

## 一、非银行金融机构的概念

非银行金融机构是除商业银行和某些具有特定业务范围的银行（如政策性银行）外的所有金融机构。其业务范围广泛，包括但不限于证券承销与交易业务、保险业务、信托业务、租赁业务等。非银行金融机构的存在丰富了金融业务，满足了不同经济主体对金融服务的多样化需求。

### 课堂讨论

非银行金融机构在金融市场中的角色是什么？

### 财经视野

#### 非银行金融机构与银行类金融机构的异同

（1）共同点。非银行金融机构与银行类金融机构的共同点在于，两者都是通过某种特定途径吸收资金，又以某种特定方式运用资金的金融机构。此外，两者都以营利为经营目的，且通过办理货币资金业务在经济运行中发挥融通资金的作用。

（2）区别。非银行金融机构与银行类金融机构的区别在于以下两点：① 筹集资金的途径不同。非银行金融机构主要以非存款方式筹集资金，银行类金融机构主要以吸收存款的方式来筹集资金。② 资金运用的方式不同。非银行金融机构的资金运用主要是以从事非贷款的某一项金融业务为主，如证券、保险、信托、租赁等金融业务；银行类金融机构的资金运用以发放贷款为主。

## 二、非银行金融机构的形式

非银行金融机构的形式包括证券公司、保险公司、财务公司、信托公司、金融租赁公司、金融资产管理公司等。

### （一）证券公司

证券公司又称"券商"，是指依照《中华人民共和国公司法》《中华人民共和国证券法》的规定设立，并经国务院证券监督管理机构审查、批准而成立的专门经营证券业务的企业。例如，中信证券股份有限公司、华泰证券股份有限公司。

证券公司的主要业务包括证券经纪（代理客户买卖证券）、证券投资咨询、证券承销、证券自营等。对于普通投资者来说，证券公司是其参与证券市场、进行证券投资的重要桥梁和平台。

### （二）保险公司

保险公司是指经保险监督管理机构批准设立，并在境内依法登记注册的，专门经营各种保险业务的企业。例如，中国人寿保险（集团）公司、中国平安保险（集团）股份有限公司、中国太平洋人寿保险股份有限公司。

保险公司的业务分为以下两大类：一是人身保险业务，包括人寿保险、健康保险、意外伤害保险等业务；二是财产保险业务，包括财产损失保险、责任保险、信用保险等业务。需要注意的是，我国的保险公司一般不得兼营人身保险业务和财产保险业务。

### （三）财务公司

财务公司是指为企业技术改造、新产品开发及产品销售提供中长期金融服务的非银行金融机构。例如，中国华能财务有限责任公司、中国有色金属工业财务公司。

财务公司在业务上受金融监管部门的监管，在行政上隶属于各企业集团（因生产经营需要，按一定的协议条件组成的企业联合组织），具有自主经营、自负盈亏的特点。

财务公司的主要功能是为集团内部成员提供金融服务，其业务范围、主要资金来源与资金运用都限定在集团内部，而不能像其他金融机构一样在社会上开拓业务。财务公司的主要业务包括存款、贷款、结算、票据贴现、融资性租赁、投资、委托及代理发行有价证券等。

### （四）信托公司

信托公司是指依照《中华人民共和国公司法》《信托公司管理办法》的规定设立的主要经营信托业务的金融机构。例如，中信信托有限责任公司、华润深国投信托有限公司。

在我国，信托公司的主要业务包括信托业务（资金信托、动产信托、不动产信托、有价证券信托、其他财产或财产权信托）、投资基金业务、证券承销业务等。

### （五）金融租赁公司

金融租赁公司是指经相关部门批准，以经营融资租赁业务为主的非银行金融机构。例如，国银金融租赁股份有限公司、工银金融租赁有限公司、交银金融租赁有限公司。

金融租赁公司的主要业务包括融资租赁业务、转让和受让融资租赁资产、固定收益类证券投资业务、接受承租人的租赁保证金、同业拆借、向金融机构借款、租赁物变卖及处理等。

### （六）金融资产管理公司

金融资产管理公司是经国务院设立的国有独资非银行金融机构。例如，中国中信金融资产管理股份有限公司、中国长城资产管理股份有限公司、中国东方资产管理股份有限公司、中国信达资产管理股份有限公司。

金融资产管理公司的主要职责是收购国有商业银行的不良贷款，对所收购的不良贷款形成的资产进行管理，以最大限度保全资产、减少损失。

## 📖 财经视野

### "一行三会""一行两会"与"一行一局一会"

2003年4月，中国银行业监督管理委员会成立，使中国金融监管体系形成了"一行三会"的架构，即中国人民银行、中国银行业监督管理委员会、中国证券监督管理委员会和中国保险监督管理委员会。这个架构标志着中国金融业形成了垂直的分业监管体制。

2018年3月，中国银行业监督管理委员会和中国保险监督管理委员会合并为中国银行保险监督管理委员会，"一行三会"调整为"一行两会"。这个调整旨在加强金融监管的统筹协调，提高监管效率。

2023年3月，我国在中国银行保险监督管理委员会的基础上组建了国家金融监督管理总局，将"一行两会"调整为"一行一局一会"的新金融监管格局。

"一行一局一会"的金融监管格局，从根本上理顺了机构监管和功能监管、宏观审慎和微观审慎、审慎监管和行为监管之间的关系，有助于实现金融监管的一致性和全覆盖。

## 任务拓展

　　两人一组，利用互联网查找资料，了解非银行金融机构在提供金融服务时面临哪些监管要求，以确保业务的合规性并保护相关企业和个人的合法权益。

# 项目考核

### 一、单选题

1. 拥有货币发行权是（　　）。
　　A. 财政部　　　　　　　　　　　　B. 商业银行
　　C. 中央银行　　　　　　　　　　　D. 存款金融机构

2. 在中央银行的三大职能中，集中保管商业银行存款准备金是中央银行（　　）职能的具体表现。
　　A. 银行的银行　　　　　　　　　　B. 政府的银行
　　C. 发行的银行　　　　　　　　　　D. 最后贷款人

3. 商业银行的（　　）业务包括贴现业务、贷款业务、证券投资业务和租赁业务。
　　A. 负债　　　　　　　　　　　　　B. 中间
　　C. 资产　　　　　　　　　　　　　D. 清算

4. 下列选项中，不属于我国政策性银行的是（　　）。
　　A. 中国进出口银行　　　　　　　　B. 中国农业发展银行
　　C. 中国农业银行　　　　　　　　　D. 国家开发银行

5. （　　）的主要职责是收购国有商业银行的不良贷款，对所收购的不良贷款形成的资产进行管理，以最大限度保全资产、减少损失。
　　A. 证券公司　　　　　　　　　　　B. 财务公司
　　C. 金融租赁公司　　　　　　　　　D. 金融资产管理公司

### 二、多选题

1. 货币政策的中介目标包括（　　）。
　　A. 利率　　　　　　　　　　　　　B. 基础货币
　　C. 物价稳定　　　　　　　　　　　D. 充分就业

2. 一般性货币政策工具包括（　　）。
　　A. 再贴现　　　　　　　　　　　　B. 存款准备金
　　C. 优惠利率　　　　　　　　　　　D. 公开市场业务

3．商业银行的其他负债业务包括（　　　）。

    A．向中央银行借款业务

    B．银行同业拆借业务

    C．贷款业务

    D．发行金融债券业务

4．中国农业发展银行的业务范围包括（　　　）。

    A．办理农业综合开发贷款

    B．办理对外承包工程贷款

    C．办理猪肉储备贷款

    D．办理境外投资贷款

5．下列选项中，属于非银行金融机构的有（　　　）。

    A．证券公司

    B．保险公司

    C．金融资产管理公司

    D．信托投资公司

## 三、简答题

1．简述货币政策的目标。

2．简述商业银行的贴现业务。

3．简述非银行金融机构与银行金融机构的异同。

# 项目综合评价

指导教师可以根据学生的课堂表现、任务拓展的完成情况、项目考核情况对其进行评价。学生配合指导教师共同完成项目综合评价表（见表5-5）。

表 5-5　项目综合评价表

| 班级 | | 组号 | | 日期 | |
|---|---|---|---|---|---|
| 姓名 | | 学号 | | 指导教师 | |
| 学习成果 | | | | | |

| 评价维度 | 评价指标 | 评价标准 | 分值 | 评价分数 | |
|---|---|---|---|---|---|
| | | | | 自评 | 师评 |
| 素养评价（20分） | 学习态度 | 刻苦认真，勇于钻研 | 5 | | |
| | 纪律意识 | 遵守课堂纪律，认真完成作业 | 5 | | |
| | 互动意识 | 积极发言，完成课堂互动 | 5 | | |
| | 团队精神 | 尊师爱友，积极合作，团结奋进 | 5 | | |
| 知识评价（20分） | 基础知识 | 熟悉中央银行、商业银行和政策性银行的性质、职能和主要业务 | 7 | | |
| | | 掌握中央银行的货币政策 | 8 | | |
| | | 了解非银行金融机构的形式 | 5 | | |
| 能力评价（20分） | 信息整合能力 | 能够系统阐述我国金融机构体系的组成 | 7 | | |
| | 判断能力 | 能够区分各种金融机构的职能 | 5 | | |
| | 分析能力 | 能够分析中央银行实施货币政策的过程 | 8 | | |
| 成果评价（40分） | 任务拓展 | 能够结合具体案例，分析国债的发行与回购对货币供给量的影响 | 8 | | |
| | | 能够全面、准确地分析商业银行的风险防范之策 | 8 | | |
| | | 能够全面、准确地分析政策性银行利用政策优势推动经济发展的过程 | 8 | | |
| | | 了解非银行机构面临的监管要求 | 8 | | |
| | 项目考核 | 能够迅速、准确地完成相应习题 | 8 | | |
| 合计 | | | 100 | | |
| 总评 | 自评（30%）+师评（70%）= | | 教师（签名）： | | |

# 项目六

## 金融市场

### 项目导读

金融市场是实现货币借贷、资本转移和有价证券交易的场所。从经济运行的角度来看，金融市场具有资金积聚、资源配置、宏观调控和信号反映的功能。通过学习金融市场的相关知识，学生可以了解其运作机制，更好地参与金融市场的活动。本项目主要介绍了货币市场、资本市场、外汇与黄金市场、金融衍生工具市场。

### 学习目标

**知识目标**

（1）掌握货币市场与资本市场的特点及功能。

（2）了解货币市场与资本市场的分类。

（3）熟悉外汇市场与黄金市场的特点及功能。

（4）了解金融衍生工具市场的产生、特点及分类。

**能力目标**

（1）能够区分不同类型的金融市场。

（2）能够识别金融市场中的风险。

**素养目标**

（1）提升对中国金融市场发展特色的认同感。

（2）培养独立分析金融市场的能力。

### 法策之窗

《中华人民共和国票据法》是政府为了规范票据行为，保障当事人的合法权益，维护社会经济秩序，促进社会主义市场经济的发展而制定的法律。《中华人民共和国外汇管理条例》是政府为了加强外汇管理，促进国际收支平衡，促进国民经济健康发展而制定的条例。

扫一扫右边的二维码，了解与本项目相关的法律法规及政策文件。

项目六相关的法律法规及政策文件

# 任务一 货币市场

### 小李的贴现之旅

小李想购买一套房子,但手中资金不足,便前往银行咨询贷款事项。在咨询过程中,他了解到票据贴现可作为筹集资金的一种有效方式。于是,小李将手中持有的尚未到期的价值 10 万元的票据提交给银行进行贴现。经过银行的审核,小李成功从银行获得了 9.8 万元的现金。小李非常开心,因为他马上就可以买到属于自己的房子了。

思考:小李进行贴现的市场属于什么市场?这个市场有何特点?

## 一、货币市场的特点及功能

### (一)货币市场的特点

货币市场又称"短期金融市场",是指交易期限在 1 年以内,以短期金融工具(票据、大额可转让定期存单、短期政府债券等)为媒介进行资金融通的交易市场。因短期金融工具具有较强的变现性和流动性,功能近似于货币,故这个市场被称为"货币市场"。货币市场的特点如表 6-1 所示。

表 6-1 货币市场的特点

| 特点 | 具体内容 |
|------|----------|
| 交易期限 | 时间短,最长不超过 1 年 |
| 交易目的 | 一般用于短期资金临时周转需要 |
| 交易风险 | 由于短期金融工具的流动性强,可随时兑现,因此货币市场的交易风险较小 |

### (二)货币市场的功能

#### 1. 提供短期资金融通的渠道

货币市场为金融机构、企业和政府提供了短期资金融通的渠道。在这个市场上,借款者可以发行或购买短期金融工具来满足自身短期的资金需求;投资者可以用暂时闲置的资金进行短期投资,以获取收益。

### 2. 生成基准利率

货币市场具有交易量大、流动性强的特点，其利率往往能够反映金融市场上的资金供求状况，被用作确定其他金融市场利率的基准，对整个经济体系的利率水平具有重要影响。

### 3. 实现宏观经济调控

中央银行实行货币政策需要通过调节货币市场的资金总量和基础利率，来影响货币总量和长期利率等指标，从而实现最终目标。因此，成熟的货币市场能够为中央银行的货币政策提供灵敏的传导渠道，进而实现宏观经济调控。

> **课堂讨论**
>
> 货币市场的流动性对货币政策传导有何影响？

## 二、货币市场的分类

### （一）同业拆借市场

同业拆借市场是指银行等金融机构之间以货币借贷的方式进行短期资金融通的市场。

#### 1. 同业拆借市场的产生

同业拆借市场的产生主要源于法定存款准备金制度的实施。按照这一制度，商业银行等金融机构需要按其吸收的存款总额的一定比率向中央银行缴纳法定存款准备金，用以保证其清偿能力。然而，在实际运营中，由于银行间的清算业务活动和日常收付数额的频繁变动，一部分银行可能会出现存款准备金多余的情况，而另一部分银行可能会出现存款准备金不足的情况。

为了有效地利用资金，存款准备金多余的银行有拆出（贷出）资金的需求，存款准备金不足的银行则需要拆进（借入）资金以弥补存款准备金缺口。在这种情况下，存款准备金多余的银行和存款准备金不足的银行在客观上产生了互相调剂的需求，从而催生了同业拆借市场。

#### 2. 同业拆借市场的特点

同业拆借市场具有以下特点：① 期限短。在同业拆借市场，最长的拆借期限一般不超过 1 年，其中以隔夜头寸拆借为主。② 参与者广泛。同业拆借市场的参与者主要包括商业银行、政策性银行、证券公司、保险公司、基金公司等金融机构。③ 信用拆借。同业拆借市场的准入条件严格，拆借活动通常在具有较高信誉和实力的金融机构之间进行，且基本上都是信用拆借。④ 利率市场化且灵活调整。同业拆借市场的利率通常是由市场供求关系决定的，这使得拆借利率能够灵活反映资金市场的供求状况，为金融机构提供更为准确的市场信号。同时，拆借利率的灵活调整能够促进资金的合理流动和有效配置。

头寸一般指款项。收多付少为头寸多，收少付多为头寸少。

隔夜头寸拆借是指金融机构在资金不足时，向其他资金充裕的金融机构借入资金，并在第二天（即隔夜）归还的借贷活动。

### （二）票据市场

票据市场是票据通过流通转让进行交易的市场。在《中华人民共和国票据法》中，票据主要包括本票、支票和汇票，如表 6-2 所示。

表 6-2　票据的类型

| 类型 | 定义 | 特点 |
|---|---|---|
| 本票 | 由出票人签发，承诺自己在见票时无条件支付确定的金额给收款人或者持票人的票据 | （1）付款人不以银行为限<br>（2）自付证券，不限于见票即付<br>（3）银行本票的出票人为银行，不存在空头票据的风险 |
| 支票 | 由出票人签发，委托办理支票存款业务的银行或者其他金融机构在见票时无条件支付确定的金额给收款人或者持票人的票据 | （1）付款人仅限于银行<br>（2）委付证券，见票即付<br>（3）出票人是结算银行以外的单位和个人，存在空头支票的风险 |
| 汇票 | 由出票人签发，委托付款人在见票时或者指定日期无条件支付确定的金额给收款人或者持票人的票据 | （1）付款人不以银行为限<br>（2）委付证券，不限于见票即付 |

票据市场主要分为票据承兑市场和票据贴现市场。

#### 1. 票据承兑市场

票据承兑市场是指接受承兑信用、创造承兑汇票的市场。承兑是指汇票付款人承诺在汇票到期日支付汇票金额的票据行为。汇票包括银行承兑汇票和商业承兑汇票。银行承兑汇票的承兑人是银行，商业承兑汇票的承兑人一般是企业。由于银行信用通常高于企业信用，银行承兑汇票的流通性和可信度更高。

票据承兑市场具有以下功能：① 票据承兑市场为客户提供了一个融资渠道。② 票据承兑市场为承兑银行及企业提供了低风险、低成本的受益渠道。承兑银行不需动用任何资金，利用其信誉即可为客户办理承兑，并从中获取手续费；出票企业可以利用自身信用进行低成本融资。

#### 2. 票据贴现市场

票据贴现市场是指对未到期的票据进行贴现，为客户提供短期资金融通的市场。在票据贴现市场上，办理贴现业务的机构主要包括贴现公司、商业银行、中央银行等，可用来贴现的票据主要是经过背书的本票和经过承兑的汇票。

> ### 📝 财经术语
>
> 背书是指在票据背面或者粘单上记载有关事项并签章的票据行为。经过背书后，本票的流通性增强。

票据贴现市场的功能多种多样。首先，该市场为企业提供了融资场所，使持有票据的企业能够将固定的债权转化为流动资金，便于企业资金的周转。其次，该市场的转贴现满足了商业银行等金融机构间相互融资的需要。此外，该市场的再贴现是中央银行实施货币政策的重要手段。

> ### 📝 财经术语
>
> 转贴现和再贴现都是票据转让行为。两者之间的区别在于，转贴现是金融机构间（主要是商业银行和其他贴现机构）的票据转让行为，而再贴现是商业银行与中央银行之间的票据转让行为。

### （三）大额可转让定期存单市场

大额可转让定期存单市场是一个专门交易大额可转让定期存单的市场。大额可转让定期存单是银行业存款类金融机构面向非金融机构投资者发行的记账式大额存款凭证，与定期存款有一定的区别，如表 6-3 所示。

表 6-3　大额可转让定期存单与定期存款的区别

| 大额可转让定期存单 | 定期存款 |
| --- | --- |
| 能在金融市场上流通转让 | 不能在金融市场上流通转让 |
| 金额固定，而且是大额整数 | 金额不固定，可大可小 |
| 多为短期，期限一般在 1 年以内 | 多为长期，期限一般在 1 年以上 |
| 金额和期限的决定权在于发单银行 | 金额和期限的决定权在于储户自己 |
| 不能提前支取 | 可以提前支取，提前支取要损失一部分利息 |
| 利率通常高于定期存款的利率 | 利率是固定的 |

大额可转让定期存单市场的出现，推动了商业银行利用货币市场借入资金，以满足贷款增长的需要，促进了货币市场的发展和完善。

### （四）回购市场

回购市场是指交易双方通过回购协议进行短期资金融通交易的市场。回购协议是指证券资产的持有者在卖出一定数量证券的同时，与买方签订的在未来某一特定日期按照约定的价格购回所

中央银行的回购与逆回购

卖证券的协议。

回购市场在货币市场中发挥着重要的作用。一方面，回购市场中的回购交易增加了证券的运用途径、提高了闲置资金的灵活性；另一方面，回购市场中的回购协议是中央银行进行公开市场操作的重要工具。中央银行通过回购与逆回购操作，可以灵活调整基础货币的供应量，进而影响短期货币流通量，实现对货币市场的间接调控。

### （五）短期政府债券市场

短期政府债券市场是指进行期限在 1 年以内的政府债券交易的市场。这些债券又称"国库券"，通常由政府部门为满足短期资金需求而发行，其特点如下。

（1）风险小。国库券以财政收入作为还款保证，几乎不存在信用违约风险，是金融市场上风险最小的信用工具。

（2）流动性强。由于国库券的期限短且风险小，它们通常具有较强的流动性。

（3）税负轻。我国对国库券收益实行减免税政策。

基于以上特点，短期政府债券市场不仅成为投资者的理想场所，也成为政府调节财政收支，中央银行调节货币供应量的重要基地。

### 任务拓展

2008 年，全球金融市场遭遇了一场重大变故，货币市场作为金融市场的重要组成部分，遭受了严重冲击。查阅相关资料，分析此次事件对货币市场的各个子市场的影响。

## 任务二　资本市场

### 任务导入

#### 股市的风险与收益

股票市场（以下简称"股市"）属于资本市场的一个子市场，每天都在上演着各种悲喜剧。红绿数字互换，股价涨涨跌跌，牵动着无数股民的心。

在某一年的大牛市（股票价格趋向持续上升的行情）中，股民小李的资金实现了翻倍。小李的大姨和小姨从来没有接触过股票，但听到股市可以让资金翻倍，于是拿出一大笔积蓄让小李帮忙买股票。

于是，小李帮大姨和小姨选择了一只股票。一个月后，这只股票上涨了 20.3%，她们高兴坏了。这时，小姨的儿子小王看到在股市中赚钱这么容易，拿着向亲友借来的用于买房的钱去炒股。刚开始，小王在股市中确实赚了不少钱。

没多久，股市行情发生了变化。小李看到股票价格有滞涨现象，就竭力劝说亲友们注意风险。但在利益面前，小李的劝说显得苍白无力。到了年底，股票价格一泻千里。大姨难以承受股市的波动，无奈地"割肉"离开了股市，并发誓再也不炒股了。小姨没有盲目跟风抛售，一直持有股票，这份坚持让她在几年后意外地收获了回报。而小王无奈地背上了沉重的债务。即便如此，他还想利用手头剩下的一点资金做最后一搏，希望能够挽回损失。

（资料来源：张晓华，《财政金融基础》，机械工业出版社，2023 年）

思考：资本市场具有哪些特点？资本市场的子市场有哪些？

## 一、资本市场的特点及功能

### （一）资本市场的特点

资本市场又称"长期金融市场"，是指融资期限在 1 年以上的长期资金交易的市场。由于长期金融活动涉及的资金交易期限长，投资者可获取长期、稳定的收入，类似于资本投入，故这个市场被称为"资本市场"。资本市场的特点如表6-4 所示。

表 6-4　资本市场的特点

| 特点 | 具体内容 |
| --- | --- |
| 交易期限 | 融资期限长，至少在 1 年以上 |
| 交易目的 | 解决中长期投资的资金需要 |
| 交易风险 | 由于交易期限长、流动性差，因此资本市场的交易风险较大 |

### （二）资本市场的功能

#### 1. 提供投资机会和筹资平台

资金盈余者为使自己的资金价值增值，需要寻找投资对象；而资金短缺者为了发展自己的业务，需要筹集资金。对此，资本市场为资金盈余者提供投资机会，为资金短缺者提供筹资平台。这使得资金短缺者可以在资本市场发行各种证券进行筹资，资金盈余者可以在资本市场买入各种证券进行投资。

#### 2. 决定资本的价格

证券作为资本的表现形式，其价格反映了所代表的资本的价格。一般情况下，证券的价格是资本市场上证券供求双方共同作用的结果。市场需求越大，证券的价格越高；反之，证券的价格越低。因此，资本市场具有合理的定价机制，能够决定资本的价格。

### 3．实现资本的合理配置

资本市场具有强大的评价、选择和监督机制，而投资者一般是理性经济人，具有明确的逐利动机。这促使资本流向高收益部门，从而表现出资本市场具有实现资本合理配置的功能。

**课堂讨论**

资本市场与货币市场有何不同？

## 二、资本市场的分类

### （一）股票市场

股票市场是股票发行和交易的市场，包括股票发行市场和股票流通市场。

#### 1．股票发行市场

股票发行市场是指股票发行者发行新股票来筹集资金的市场。股票发行市场主要由股票发行者、股票投资者和中介机构组成。股票发行者是指为筹集资金而发行股票的发行主体，通常为股份有限公司。股票发行者通过中介机构（证券公司、会计师事务所、律师事务所），完成股票的定价、销售和分配。股票投资者是指为获取股息或资本收益而买入股票的机构或个人。股票发行者的发行规模和股票投资者的实际投资能力，共同决定着股票发行市场的股票容量和发展程度。

#### 2．股票流通市场

股票流通市场是指已经发行的股票按时价进行转让和买卖的市场。股票流通市场和股票发行市场相辅相成。股票发行市场是股票流通市场的基础，股票流通市场的存在保证了股票发行市场的正常运行，为股票投资者提供了交易变现的途径。

证券交易所的发展历史

股票流通市场可分为证券交易所和场外交易市场。

（1）证券交易所是指由证券管理部门批准的，有组织、有固定地点、交易制度严格、集中进行竞价成交的市场。其主要作用是为交易双方成交创造或提供条件，并对交易双方的行为进行监督。我国目前有 5 家证券交易所，分别是上海证券交易所（以下简称"上交所"）、深圳证券交易所（以下简称"深交所"）、北京证券交易所、香港证券交易所和台湾证券交易所。

（2）场外交易市场是指在证券交易所以外进行证券交易的市场。场外交易市场没有固定的场所，其交易行为主要由自营商来组织。交易双方通过协商的方式确定交易价格，从而达成买卖协议。场外交易市场不像证券交易所有较高的上市条件，其管制相对宽松，交易灵活，是中小企业证券流通的主要场所。

## 📝 财经术语

发行市场又称"一级市场""初级市场",是新证券发行的市场;流通市场又称"二级市场""次级市场",是已经发行的、处在流通中的证券的买卖市场。

## 📖 财经视野

### 中国的股票市场

1984 年 7 月,北京天桥股份有限公司和上海飞乐音响股份有限公司经中国人民银行批准向社会公开发行股票。

1986 年 9 月 26 日,中国第一个证券交易柜台——静安证券业务部开张,标志着中国的股票交易正式开始。

1990 年 11 月 26 日,上交所成立,这是中国第一家证券交易所。1990 年 12 月 1 日,深交所成立。上交所和深交所逐渐成为中国股票市场的核心。

20 世纪 90 年代,国有企业开始大规模上市融资,股票市场逐渐成为中国经济发展的重要支撑。然而,这个时期也伴随着一些问题,如市场操纵、内幕交易等不规范行为的发生。为了规范市场秩序,中国政府加强了对股票市场的监管。

进入 21 世纪,中国的股票市场继续快速发展,市场规模不断扩大,投资者数量不断增加。2005 年,中国证券监督管理委员会成立,负责监管全国证券市场。此后,中国的股票市场逐渐走向规范化、市场化。中国的股票市场也逐渐与国际市场接轨,吸引了越来越多的外国投资者参与。

### (二)长期债券市场

长期债券市场是指发行和交易长期债券(长期政府债券和公司债券)的市场。在这个市场上,发行者通过发行债券来筹集资金而成为债务人,承担按期支付利息和到期归还本金的义务。投资者通过购买长期债券而成为债权人,享有债券到期收回本金和获取利息的权利。

长期债券由于期限较长,通常用于满足发行者(政府、企业和金融机构等)的长期资金需求,如基础设施建设、设备购置、研发投资等。但是,长期债券由于具有较高的利率和较长的持有期限,通常伴随较高的风险。因此,投资者在长期债券市场上投资时,需要充分了解市场规则和风险,进行合理的风险评估和投资规划。

### (三)投资基金市场

投资基金市场是指专门进行投资基金交易的市场。其中,投资基金是一种利益共享、风险共担的集合证券投资方式。

投资基金市场的主要参与者包括投资者、基金公司、销售机构、监管机构等。投资者通过购买基金份额来参与市场，享有基金增值的潜在收益。基金公司负责基金的发行和管理，以实现投资者的收益目标。销售机构负责基金的销售和推广，为投资者提供便捷的购买渠道。监管机构负责监督和管理投资基金市场，保护投资者的权益，维护市场的公平、透明和稳定。

### （四）银行中长期信贷市场

银行中长期信贷市场是指银行提供中长期信贷资金的市场。其中，信贷资金期限在 1 至 5 年为中期，5 年以上为长期。这个市场的需求者主要是各国政府及工商企业，它们因资金需求需要寻找中长期的信贷支持。在银行中长期信贷市场上，贷款利率主要由经济形势、金融政策、资金供求量、通货膨胀率等共同决定。

## 任务拓展

两人一组，就资本市场的某个热点话题或争议问题进行深入探讨。例如，投资者的保护问题，如何推动债券市场的创新发展，注册制改革对股票市场的影响，等等。

## 任务三　外汇与黄金市场

### 任务导入

#### 外汇市场的严格监管

2020 年 5 月至 6 月，南京某公司通过地下钱庄非法买卖外汇，涉及金额高达 63.5 万美元。

根据《中华人民共和国外汇管理条例》，该公司非法买卖外汇被罚款 45 万元。此外，该处罚信息还被纳入中国人民银行征信系统，对该公司未来的信贷和商业活动会产生长期影响。

该事件为所有涉及外汇交易的企业和个人敲响了警钟，提醒他们严格遵守相关法律法规，确保所有的外汇交易都是合法、合规和透明的。

**思考**：外汇市场具有哪些特点？为什么要严格监管外汇市场？

## 一、外汇市场的特点及功能

### （一）外汇市场的特点

外汇是以外币表示的，可用于国际支付的金融资产，包括外币现钞、外币支付凭证（票据、银行存款凭证）、外币有价证券（政府债券、公司债券、股票）等。

外汇市场是指进行外汇买卖的市场。其中，外汇买卖既包括本国货币与外国货币之间的买卖，也包括不同的外国货币之间的买卖。外汇市场的特点包括全球性、场外交易、24 小时交易、零和博弈。

#### 1. 全球性

外汇市场涉及全球范围内的货币兑换和交易，其参与者来自世界各地，包括各国中央银行、外汇银行、外汇经纪人及客户。

### 📖 财经视野

#### 外汇市场的参与者

（1）中央银行作为一国货币流通与金融活动的主要监管机构，在外汇市场中起到了监管的作用。此外，中央银行通过直接参与外汇买卖和实行货币政策，起到了稳定汇率的作用。

（2）外汇银行是由中央银行批准或授权，可以经营外汇业务的银行，主要包括专营或兼营外汇业务的本国商业银行、设在本国的外国银行分支机构等。外汇银行参与外汇交易的目的包括以下几点：① 帮助客户买卖外汇，从而获得中介费或佣金收入。② 调整银行本身的外汇头寸，从而规避外汇风险。③ 以套期保值为目的进行同业间外汇交易。

（3）外汇经纪人是指在外汇市场上专门为交易双方买卖外汇的中间人。其主要工作内容是以专业的知识和技术为客户提供专业的理财规划，帮助客户规避风险。

（4）客户是指外汇市场上的各种外汇供给者和需求者，主要包括进出口商、外汇投机商、国际旅游者等。其中，出口商是外汇市场上重要的外汇供给者，进口商是外汇市场上重要的外汇需求者。

#### 2. 场外交易

外汇市场没有集中的、固定的交易场所，其交易大都是通过网络进行的。这使得外汇交易更加灵活和便捷，便于投资者在任何地点进行交易。

#### 3. 24 小时交易

由于全球金融中心的地理位置不同，各个外汇市场形成了一个 24 小时不间断运行的全球外汇市场。这为投资者提供了全天候的交易机会，便于投资者寻求最佳的交易时机。

## 财经视野

### 著名的外汇市场

著名的外汇市场包括伦敦外汇市场、纽约外汇市场、东京外汇市场、新加坡外汇市场等。

（1）伦敦外汇市场是全球最大的外汇交易市场。它是欧洲美元的交易中心，在英镑、欧元、瑞士法郎、日元对美元的交易中占有重要地位。几乎全世界较大的商业银行都在伦敦设立了分行，为客户提供各种外汇服务，彼此之间进行着大规模的外汇交易。

（2）纽约外汇市场是美国最大的外汇交易市场，日交易量仅次于伦敦外汇市场。它是世界美元交易的结算中心。

（3）东京外汇市场是全球第三大外汇交易市场，是欧洲日元的交易中心。

（4）新加坡外汇市场是全球第四大外汇交易市场，随着亚洲美元市场的发展而壮大，日均交易量仅次于东京外汇市场。

#### 4．零和博弈

当汇率发生变化时，各国货币之间的相对价值会随之调整（一种货币的价值减少，另外一种货币的价值增加）。但这种调整并不改变全球货币的总价值量，只是导致财富在不同国家、不同投资者之间重新分配。因此，全球外汇市场的交易行为是一场零和博弈。

### （二）外汇市场的功能

#### 1．国际清算

外汇市场为国际间的经济交易提供清算服务。当国际交易发生时，债务人需要向债权人支付款项，这通常涉及不同国家的货币。外汇市场的存在，方便债务人将其所在国家的货币转换为债权人所在国家的货币，以便完成支付。

#### 2．套期保值

外汇市场为进出口商提供了套期保值的平台。进出口商从签订进出口合约到支付或收到货款的期间，面临汇率波动的风险。他们可以在外汇市场进行远期外汇交易或外汇期货交易，锁定未来的汇率，从而实现套期保值，降低因汇率变动带来的潜在损失。

## 财经术语

远期外汇交易是指交易双方在成交后并不立即办理交割，而是事先约定币种、金额、汇率、交割时间等交易条件，到期才进行实际交割的外汇交易。

外汇期货交易是指交易双方约定在特定的时间、地点，以特定的价格，买进或卖出规定数量外汇的交易。

### 3．投机交易

外汇市场为投机者提供了利用汇率波动获取利润的机会。投机者通过预测未来汇率的走势，买入或卖出外汇，以获取汇率变动所带来的收益。这种投机行为增加了外汇市场的流动性，但也给外汇市场带来了风险。

## 二、黄金市场的特点及功能

### （一）黄金市场的特点

黄金市场是指集中进行黄金买卖和金币兑换的市场，具有全球性、投资门槛低、易受到全球经济状况和货币政策的影响等特点。

### 1．全球性

首先，黄金市场的参与者来自全球各地，包括各国中央银行、商业银行、黄金交易商、投资者等。这些参与者通过全球性的交易平台买卖黄金，形成了一个庞大的、联系紧密的全球市场。

其次，黄金市场的交易规则具有全球性。这种全球性的市场规则有助于确保市场的公平性和透明度，提高市场的流动性和效率。

### 2．投资门槛低

相比于其他投资市场，黄金市场的资金要求相对较低。投资者可以通过购买黄金指数基金或纸黄金（个人凭证式黄金）等方式，以较小的资金规模参与黄金市场。这种低资金门槛使得更多的投资者能够接触和参与到黄金市场。

### 3．易受到全球经济状况和货币政策的影响

全球经济状况和货币政策的变化都可能影响黄金价格的走势，进而影响黄金市场。例如，当全球经济增长放缓或出现不确定性时，黄金的避险属性更加凸显，此时投资者会大量购买黄金，从而推动黄金价格上涨，使得黄金市场较为繁荣。相反，当经济繁荣时，投资者可能更倾向于投资高风险、高回报的资产，从而导致黄金需求下降、价格下跌，使得黄金市场较为低迷。

### 课堂讨论

影响黄金市场的因素还有哪些？

## 财经视野

### 四大黄金市场

四大黄金市场包括伦敦黄金市场、苏黎世黄金市场、纽约黄金市场和中国香港黄金市场。

（1）伦敦黄金市场是全球最大的黄金现货市场。其特点是没有固定的交易场所，主要通过各大黄金交易商联网完成交易。伦敦黄金市场的金价定盘价（某一时段中，交易量最大的价格）对全球金价的影响极大。

（2）苏黎世黄金市场是仅次于伦敦黄金市场的黄金现货市场。该市场没有金价定盘制度，以现货交易为主。

（3）纽约黄金市场是全球最大的黄金期货市场。该市场具有高度的活跃性和透明度，为投资者提供了丰富的投资机会。

（4）中国香港黄金市场是亚洲最大的黄金市场，也是最多样化的黄金市场。中国香港黄金市场不仅交易实物黄金，还交易伦敦金等黄金衍生品。

### （二）黄金市场的功能

#### 1. 规避投资风险

持有黄金可以在一定程度上对冲其他资产的风险，实现风险分散。因此，在经济不稳定或地缘政治风险上升时，投资者往往将资金转向黄金市场，以规避潜在的市场风险。

## 财经术语

地缘政治风险是指由地理位置、政治制度、战争等其他因素引起的无法预测的政治、经济、社会活动的风险。其主要表现形式有国家间的暴力冲突、国家内乱、大规模恐怖主义袭击、杀伤性武器扩散等。

#### 2. 提供新型货币政策工具

中央银行可以通过在黄金市场上买卖黄金来调节国际储备的构成及数量，从而控制货币供给，实现货币政策目标。这种作用虽然有限，但黄金对利率和汇率的敏感性不同于其他手段，使得其可以作为货币政策操作的一种对冲工具。

## 任务拓展

提及外汇市场，大家可能会联想到黄金市场，这两个市场都具有全球性的特点。两人一组，从不同方面分析这两个市场之间的联系与区别。

# 任务四　金融衍生工具市场

### 从规避风险到引发风险

1992 年，为了与客户维持长期合作关系并确保稳定的收入来源，MG 集团的一家子公司与一家大型炼油公司签订了一份为期 10 年的远期供油合约。合约规定，公司需要在未来 10 年内以高于当时市场价的固定价格，定期向这家大型炼油公司提供总量约 1.6 亿桶的石油。

1992 年的石油市场相对稳定，石油价格适中。通过签订远期合约，公司可以确保在未来几年内有一个稳定的收入来源，也可以避免因油价波动造成的潜在损失。

然而，事情并没有按照预期发展。从 1993 年 6 月开始，石油价格大幅下跌。6 个月的时间，石油价格从每桶 19 美元跌至每桶 15 美元。也就是说，该公司按照合约价格供应石油，面临着巨大的亏损。于是，该公司选择向母公司 MG 集团寻求资金援助。但是，这一决策不仅未能有效降低风险，反而将风险进一步扩大。

最终，由于子公司的投资不当和风险管理失误，MG 集团损失高达 10 亿美元。这一损失对 MG 集团来说是无法弥补的，不仅严重影响了集团的财务状况，还损害了其声誉，进而削弱了其在市场中的竞争力和地位。

**思考：远期合约具有哪些作用？**

## 一、金融衍生工具市场的产生及特点

金融衍生工具市场是指以各种金融合约为交易对象的市场。其中，金融衍生工具是指一种根据事先约定的事项进行支付的双边合约，其合约价格取决于或派生于原生金融工具（股票、债券、银行存款等）的价格及其变化。

### （一）金融衍生工具市场的产生

金融衍生工具市场的产生，是金融市场发展历程中的一个重要里程碑。20 世纪 70 年代以后，金融环境发生了巨大的变化，汇率、利率等频繁波动，给投资者带来了前所未有的风险挑战。为了应对这些风险，投资者迫切需要新的金融工具，金融衍生工具便应运而生。

这些工具，如期货、期权等，通过合约形式将未来的不确定因素（利率、汇率、股票价格等）与当前的交易联系起来，为投资者提供了锁定未来价格、规避市场风险的有效手段。随着这些工具的广泛应用和市场的不断认可，金融衍生工具市场逐渐发展壮大，成为现代金融市场中不可或缺的组成部分。

### （二）金融衍生工具市场的特点

金融衍生工具市场具有高杠杆性、高风险性和虚拟性。

#### 1. 高杠杆性

金融衍生工具市场的高杠杆性主要源于保证金制度。在金融衍生工具市场，投资者只需缴存少量保证金，就可以进行总金额相当于保证金几倍到几十倍甚至上百倍的金融衍生工具交易。这意味着，投资者能以较少的资金成本控制较多的投资，达到"以小博大"的目的。

#### 2. 高风险性

金融衍生工具市场的高风险性主要来源于市场价格的波动、信用违约等因素。由于金融衍生工具会受到多种复杂因素的影响，其价格变动具有较大的不确定性。在市场不利的情况下，杠杆效应可能导致投资者面临巨大的损失。此外，某些金融衍生工具（如远期合约）的流动性可能不足，导致投资者较难将其转手。这些因素都可能增加投资者的风险。

#### 3. 虚拟性

金融衍生工具市场的虚拟性主要体现在金融衍生工具的价格运动过程与现实资本运动的脱离上。一般情况下，金融衍生工具更多地依托于金融系统，在虚拟资本（以股票、债券、票据等有价证券的形式存在）的循环运动上体现其价值。

## 二、金融衍生工具市场的分类

按交易类型的不同，金融衍生工具市场可分为远期市场、期货市场、期权市场和金融互换市场。

### （一）远期市场

远期市场是指为了规避现货交易风险而产生的，进行远期合约交易的市场。远期合约是由交易双方约定在未来某一特定日期以特定价格买入或卖出一定数量的某种资产的合约。

远期合约是最早出现的金融衍生工具，最早应用于农产品。例如，种植小麦的农民可在种植小麦时就和面包加工厂签订小麦远期合约，事先确定小麦的交易数量和交易价格，从而规避小麦的价格波动风险。

由于远期合约存在价格风险、违约风险、流动性风险和操作风险（见表6-5），远期市场具有一定的风险性。

表 6-5　远期合约的风险

| 风险类型 | 具体内容 |
|---|---|
| 价格风险 | 远期合约的价格易受市场供求关系、利率、汇率等多种因素的影响。当市场条件发生变化时，合约的价值可能发生剧烈波动，给投资者带来损失 |
| 违约风险 | 远期合约是交易双方签订的协议，依赖于交易双方的信誉和履约能力。如果一方违约或者无法履行合约义务，另一方可能遭受损失 |
| 流动性风险 | 远期合约缺乏标准化的合约格式，也没有集中的交易平台，导致其价格不透明。因此，投资者可能会面临难以找到合适的交易对手或交易价格不理想的情况，进而无法按照预期的时间和价格平仓，遭受损失 |
| 操作风险 | 远期合约的交易涉及复杂的条款，需要投资者具备较高的专业知识水平。投资者如果对合约条款理解不足或者操作不当，可能会遭受不必要的损失 |

## （二）期货市场

期货市场是指交易金融期货合约的市场。期货合约是指交易双方约定在未来某一特定日期以特定价格买入或卖出一定数量的某种资产的标准化合约。

期货市场具有一些显著的特点：① 期货市场上的合约是标准化的，这简化了交易流程，降低了交易成本，提高了市场的流动性。② 期货市场的价格波动性较大，这为投资者提供了更多的交易机会，但同时也增加了投资风险。③ 期货市场允许投资者进行双向交易，即投资者可以通过买入或卖出期货合约来进行交易。这种双向交易使得期货市场具有较高的流动性和较大的市场规模。

### 课堂讨论

期货市场具有哪些风险？

## （三）期权市场

期权市场是指专门进行期权交易的市场。期权是一种权利的有偿使用，它赋予了持有者在未来某一特定日期或之前以特定价格买入或卖出某种资产的权利，但并不要求持有者必须行使这种权利。期权的买方为取得这种权利需要向期权的卖方支付一定数额的费用。

了解期权

期权市场具有众多的优点，如为投资者提供多元化的资产配置工具、对冲风险的工具、投机和套利的机会等。但是，当市场行情波动较大时，期权价格可能会出现大幅波动，使投资者面临较高的市场风险。

## 财经视野

### 看涨期权与看跌期权

按买方权利的不同，期权可分为看涨期权和看跌期权。

**一、看涨期权**

看涨期权又称"买权"，其赋予持有者在未来某一特定日期或之前以特定价格买入某种资产的权利。看涨期权的买方买入这种权利，主要是基于对资产价格未来上涨的预期。

对于看涨期权的买方来说，当市场价格高于期权合约的执行价格时，其会行使期权，即以比市场价格更低的执行价格买入资产，从中获利。当市场价格低于期权合约的执行价格时，其会放弃行使权利（仅损失期权费），避免以高于市场价格的执行价格买入资产，遭受更大的损失。

**二、看跌期权**

看跌期权又称"卖权"，其赋予持有者在未来某一价格卖出某种资产的权利。看跌期权的买方买入这种权利，主要是基于对资产价格未来下跌的预期。

对于看跌期权的买方来说，当市场价格低于期权合约的价格时，其会行使权力，即以比市场价格更高的执行价格卖出资产，从中获利。当市场价格高于期权合约的执行价格时，其会放弃行使权力（仅损失期权费），避免以低于市场价格的执行价格卖出资产，遭受更大的损失。

### （四）金融互换市场

金融互换市场是指专门开展金融互换活动的市场。金融互换是指两个或两个以上的交易者签订互换协议，在约定的时间内交换不同性质现金流的行为。

金融互换市场的交易种类丰富，主要包括利率互换、货币互换和交叉互换。这些互换交易为投资者提供了更多的选择，满足了不同的风险管理和投资需求。

（1）利率互换是指在同一货币下，交易双方将一种以固定利率计算的现金流与另一种以浮动利率计算的现金流相交换的行为。其主要目的是降低交易双方的资金成本，使交易双方得到自己需要的利息支付方式。

（2）货币互换是指交易双方按照协议，在约定的时间内交换等值的不同种类货币（伴随着利息的支付），并在期满时以约定汇率换回各自货币的行为。货币互换是企业、金融机构和国家规避汇率风险的重要手段。

（3）交叉互换是利率互换和货币互换的结合，即在一笔交易中既有不同种类利率的互换，又有不同种类货币的互换。通过交叉互换，交易双方可以根据自身的融资需求和风险承受能力，选择更有利的融资方式，并降低潜在的利率风险和汇率风险。

## 经典案例

### 货币互换协议

A公司是一家生产型企业，在国内主要使用人民币进行结算，向国外采购设备时使用美元结算。

2024年2月，A公司筹备了一笔100万美元的资金，打算用于6个月后购买国外设备。但是，A公司担心到时美元汇率上涨，采购成本增加。为了规避汇率风险，A公司与银行签订了一份货币互换协议。根据协议，A公司将100万美元按约定的汇率兑换成人民币，并在6个月后以同样的汇率购回这100万美元。期间，A公司需要支付人民币和美元的利率差作为利息。

这份货币互换协议帮助A公司锁定了美元兑换人民币的价格，降低了汇率风险。无论未来汇率如何变化，A公司都能以事先约定的汇率进行兑换，确保了采购成本的可控性。

## 任务拓展

两人一组，利用互联网搜索"中国航油（新加坡）股份有限公司的期权交易事件"，了解金融衍生工具市场的高风险性与复杂性。

# 项目考核

### 一、单选题

1. 短期金融市场是指（　　）。
   A. 货币市场　　　　　　　　　　B. 外汇市场
   C. 资本市场　　　　　　　　　　D. 金融期货市场

2. （　　）是指由出票人签发，承诺自己在见票时无条件支付确定的金额给收款人或者持票人的票据。
   A. 本票　　　　　　　　　　　　B. 发票
   C. 支票　　　　　　　　　　　　D. 汇票

3. 资本市场的功能之一是（　　）。
   A. 提供短期资金借贷服务　　　　B. 实现资本的合理配置
   C. 为消费者提供日常支付便利　　D. 管理国家的货币政策

4. 下列选项中，不属于外汇市场的参与者的是（　　）。
   A. 中央银行　　　　　　　　　B. 外汇经纪人
   C. 外汇银行　　　　　　　　　D. 证券交易所

5. 下列选项中，说法正确的是（　　）。
   A. 期货市场上的合约是标准化的
   B. 期货市场的价格波动性不大
   C. 期货市场不允许投资者进行双向交易
   D. 期货市场的流动性不高

## 二、多选题

1. 货币市场的功能包括（　　）。
   A. 提供短期资金融通的渠道　　　B. 实现资本的合理配置
   C. 生成基准利率　　　　　　　　D. 实现宏观经济调控

2. 下列选项中，属于资本市场的有（　　）。
   A. 股票市场　　　　　　　　　B. 投资基金市场
   C. 长期债券市场　　　　　　　D. 同业拆借市场

3. 外汇市场的特点包括（　　）。
   A. 全球性　　　　　　　　　　B. 场外交易
   C. 24 小时交易　　　　　　　　D. 零和博弈

4. 黄金市场的特点包括（　　）。
   A. 全球性　　　　　　　　　　B. 投资门槛低
   C. 虚拟性　　　　　　　　　　D. 高杠杆性

5. 金融衍生工具市场包括（　　）。
   A. 远期市场　　　　　　　　　B. 期权市场
   C. 期货市场　　　　　　　　　D. 金融互换市场

## 三、简答题

1. 简述外汇市场的功能。
2. 简述金融衍生工具市场产生的原因。
3. 简述期货市场的特点。

# 项目综合评价

指导教师可以根据学生的课堂表现、任务拓展的完成情况、项目考核情况对其进行评价。学生配合指导教师共同完成项目综合评价表（见表6-6）。

表6-6 项目综合评价表

| 班级 | | 组号 | | 日期 | | |
|---|---|---|---|---|---|---|
| 姓名 | | 学号 | | 指导教师 | | |
| 学习成果 | | | | | | |
| 评价维度 | 评价指标 | 评价标准 | | 分值 | 评价分数 | |
| | | | | | 自评 | 师评 |
| 素养评价（20分） | 学习态度 | 刻苦认真，勇于钻研 | | 5 | | |
| | 纪律意识 | 遵守课堂纪律，认真完成作业 | | 5 | | |
| | 互动意识 | 积极发言，完成课堂互动 | | 5 | | |
| | 团队精神 | 尊师爱友，积极合作，团结奋进 | | 5 | | |
| 知识评价（20分） | 基础知识 | 掌握货币市场与资本市场的特点及功能 | | 5 | | |
| | | 了解货币市场与资本市场的分类 | | 5 | | |
| | | 熟悉外汇市场与黄金市场的特点及功能 | | 5 | | |
| | | 了解金融衍生工具市场的产生、特点及分类 | | 5 | | |
| 能力评价（20分） | 分辨能力 | 能够区分不同类型的金融市场 | | 5 | | |
| | 风险识别能力 | 能够识别金融市场中的风险 | | 8 | | |
| | 分析能力 | 能够独立分析金融市场 | | 7 | | |
| 成果评价（40分） | 任务拓展 | 能够全面、准确地分析特定金融事件对货币市场各个子市场的影响 | | 8 | | |
| | | 能够全面、准确地分析资本市场的某个热点话题或争议问题 | | 8 | | |
| | | 能够全面、准确地分析外汇市场与黄金市场的联系与区别 | | 8 | | |
| | | 能够全面、准确地分析中国航油（新加坡）股份有限公司的期权交易事件 | | 8 | | |
| | 项目考核 | 能够迅速、准确地完成相应习题 | | 8 | | |
| 合计 | | | | 100 | | |
| 总评 | 自评（30%）+师评（70%）= | | | 教师（签名）： | | |

# 金融资本投资（上）

## 项目导读

　　金融资本投资是指为获取预期收益，预先垫付资金以形成金融资产的活动。其涉及的活动主要包括购买债券、股票、基金等，目的是通过合理的资产配置策略和有效的风险管理措施，实现资本的保值和增值。通过学习金融资本投资，学生可以深入理解投资策略的制定和执行，为个人财富管理提供有力的支持。本项目主要介绍了储蓄、债券、股票、基金和保险。

## 学习目标

### 知识目标

（1）熟悉储蓄的类型和技巧。

（2）熟悉债券的基本要素、特点、类型、收益、风险管理和购买渠道。

（3）熟悉股票的特点、类型、收益、风险和交易程序。

（4）熟悉基金的特点、类型和风险管理。

（5）熟悉保险的基本要素、类型和选购。

### 能力目标

（1）能够识别和管理投资过程中的风险。

（2）能够做出科学的投资决策。

### 素养目标

（1）培养分析和评估投资项目的能力。

（2）保持冷静与理性，避免盲目跟风。

## 法策之窗

　　《中华人民共和国证券法》是政府为了规范证券市场的运行和发展，保护投资者权益，维护社会经济秩序和社会公共利益而制定的法律。

　　扫一扫右边的二维码，了解与本项目相关的法律法规。

项目七相关的法律法规

# 任务一　储　蓄

## 小梁的储蓄计划

　　小梁刚刚步入社会，怀揣着对未来美好生活的憧憬，决定制定一份简单而实用的储蓄计划，为自己的生活奠定坚实的财务基础。

　　小梁首先分析了自己的收入和支出情况。目前，他的收入来源主要是工资，每个月的固定支出包括房租、交通费、水电费等。扣除这些固定支出后，他每个月还有一笔资金可以随意支配。于是，他决定每个月留出一部分资金用于储蓄，并将这部分资金存入一个专门的储蓄账户。

　　随着时间的推移，小梁储蓄账户中的金额逐渐增多。每当看到账户余额时，他都会感到由衷的满足和自豪，也更加坚定了继续储蓄的决心。

　　思考：什么是储蓄？储蓄的类型有哪些？

## 一、储蓄的类型

　　储蓄又称"储蓄存款"，是指居民将暂时不用的资金存入银行或其他金融机构的一种存款活动。储蓄具有明显的保值性和收益性，其利率的高低，直接影响收益的多少。

　　从银行的角度来说，储蓄主要分为活期储蓄和定期储蓄。

### （一）活期储蓄

　　活期储蓄是指不约定存期，方便储户随时存取，不限存取金额的储蓄方式。活期储蓄是银行开办较早的储蓄方式之一，适用于居民生活备用金、闲置资金和商业运营周转资金的存储。活期储蓄按存取方式不同，可分为以下几类。

#### 1. 活期存折储蓄

　　活期存折储蓄是一种不约定存期，要求储户凭存折随时存取款，不限存取金额的储蓄方式。活期存折储蓄具有方便、灵活的特点，但存款利率较低。

#### 2. 活期支票储蓄

　　活期支票储蓄是一种基于支票账户余额支取款项的储蓄方式。一般情况下，不同银行对活期支票储蓄有不同的起存金额要求。储户选择活期支票储蓄时，为了保障资金安全，应妥善保管支票和相关凭证。

### （二）定期储蓄

定期储蓄是指储户存入款项时约定一定存期，并在该期限内保持资金不动或按照约定的条件进行存取的储蓄方式。定期储蓄的存期长短、存取时间、存取次数、利率高低等因素会因储蓄类型不同而有所区别。定期储蓄主要有以下几种类型。

#### 1. 整存整取定期存款

整存整取定期存款是指事先约定存期，一次性存入本金，到期一次性支取本息的储蓄方式。整存整取定期存款的起存金额为 50 元，存期分为 3 个月、6 个月、1 年、2 年、3 年和 5 年，利息按照约定的利率计算，利随本清。

对于整存整取定期存款，储户提前支取时，需要提供身份证件；代替他人支取时，代取人不仅要提供存款人的身份证件，还要提供本人的身份证件。

#### 2. 零存整取定期存款

零存整取定期存款是指事先约定存期，每月固定存款，到期一次性支取本息的储蓄方式。零存整取定期存款的起存金额一般为 5 元，存期一般分为 1 年、3 年和 5 年，利息按实存金额和实际存期计算。若中途有漏存，储户可在次月补齐；未补存者，到期支取时按实存金额和实际存期，以支取日中国人民银行公告的活期利率计算利息。

### 📖 财经视野

#### 教育储蓄

教育储蓄作为一种特殊的零存整取定期储蓄，是指个人按国家有关规定在指定银行开户，存入规定数额资金，用于支付非义务教育所需教育资金的专项储蓄。

教育储蓄采用实名制。开户时，储户（学生）需要持本人户口簿或身份证，到指定银行以储户本人的姓名开立存款账户，并与银行约定每次固定存入的金额。到期支取时，储户需要凭存折及有关证明一次支取本息。教育储蓄的起存金额为 50 元，本金合计最高限额为 2 万元，存期分为 1 年、3 年和 6 年。

#### 3. 存本取息定期存款

存本取息定期存款是指一次性存入本金，约定存期及取息日，分期支取利息，到期一次性支取本金的储蓄方式。存本存息定期存款的起存金额一般为 5 000 元，存期分为 1 年、3 年和 5 年，取息日在开户时约定，一个月或几个月均可。需要注意的是，取息日未到，储户不得提前支取利息；取息日未取利息，储户以后可随时支取利息，但不计复息。

### 定活两便储蓄与通知存款

定活两便储蓄和通知存款是银行为了满足储户的不同需求而推出的灵活储蓄方式。它们各自的一些特点使得它们既不完全符合传统活期储蓄的定义，也不完全符合传统定期储蓄的定义。

（1）定活两便储蓄。定活两便储蓄是一种不约定存期，方便储户随时支取，根据存期长短调整利率的储蓄方式。定活两便储蓄结合了活期储蓄的灵活性和定期储蓄的高收益性，为储户提供了更多的选择和便利。

（2）通知存款。通知存款是指不约定存期，储户若支取存款需要提前通知银行并约定支取日期和金额的储蓄方式。通知存款的个人起存金额为 5 万元，单位起存金额为 50 万元；个人最低支取金额为 5 万元，单位最低支取金额为 10 万元。通知存款按存款人提前通知的期限划分为 1 天通知存款和 7 天通知存款。

## 二、储蓄的技巧

储蓄的技巧包括少存活取、到期支取、滚动存取、存本存利和选择外币。

### （一）少存活取

活期储蓄虽然灵活，但利率较低。因此，为了减少利息损失，储户应尽量减少活期储蓄的金额，将闲置资金转为定期储蓄或其他收益更高的投资产品。但是，储户需要资金时，应提前规划，尽量避免提前支取定期存款，以确保稳定的收益。

### （二）到期支取

对于定期储蓄，储户应尽量等到存款到期后再支取，避免因提前支取而损失利息。因此，储户在存入资金时，应根据自身的财务规划和目标，选择合适的期限。

### （三）滚动存取

滚动存取结合了活期储蓄的灵活性和定期储蓄的高收益性。具体操作方法是将资金分为若干份，分别存入不同期限的定期存款。当一份定期存款到期时，储户可以将其连本带息取出，再存入一个新的定期存款。这样可以确保资金在保持较高收益的同时，也具备了一定的流动性。

滚动存取的具体方法

## （四）存本存利

存本存利结合了存本取息与零存整取的优点，旨在通过存本取息定期储蓄，将获得的利息再次存入银行以产生复利，从而实现资金增值的最大化。这种储蓄技巧允许储户在保持本金稳定的同时，让利息滚动增长，加速资金的增值速度。

## （五）选择外币

当某些外币的存款利率高于人民币的存款利率时，储户可以考虑将资金存入汇率稳定、利率较高的外币账户。由于外汇市场的风险较高，储户若考虑将资金存入外币账户，需要充分了解外汇市场的风险，并评估自己的风险承受能力。

### 课堂讨论

在储蓄过程中，储户可能遇到一些心理障碍，如强烈的高消费欲望、拖延症等。这些心理障碍应如何克服？

### 任务拓展

利用所学知识，制定一份科学、详细的储蓄计划。该计划需要包括储蓄目标、储蓄方式、储蓄期限等。

# 任务二　债　券

### 任务导入

#### 王某是如何进行债券投资的

王某在投资债券时，发现一家陷入困境的保险公司。通过深入分析后他发现，虽然这家公司当前的业绩不佳，但这家公司的业务模式独特，具有较大的发展潜力。同时，这家公司的资产组合相对稳健，能够履行对债券投资者的偿债承诺。因此，王某认为该债券被严重低估，并决定投资。

**思考**：债券投资具有哪些风险？王某的债券投资策略具有哪些借鉴意义？

## 一、债券的基本要素

债券是指依法定程序发行，约定一定期限内还本付息的有价证券。不管哪一种债券，都包含一些基本要素。这些基本要素明确了债权人和债务人的权利与义务，具体包括发行人、面值、偿还期、付息期和票面利率。

### （一）发行人

发行人又称"发行主体""发行者"，是指在市场上向投资者以债券形式筹集资金的实体，包括政府、金融机构、企业等。发行人是资金的借入者，需要在一定期限内还本付息给购买债券的投资者，即资金的借出者。

### （二）面值

面值是指债券的票面价值，是发行人对投资者在债券到期后应偿还的本金数额，也是发行人向投资者按期支付利息的计算依据。

需要注意的是，债券的面值与债券的发行价格并不一定是一致的。发行价格大于面值称为溢价发行，发行价格小于面值称为折价发行，发行价格等于面值称为平价发行。

### （三）偿还期

偿还期是指债券上载明的偿还债券本金的期限，即债券发行日至到期日之间的时间间隔。发行人要结合自身资金周转状况及外部资本市场的各种影响因素来确定债券的偿还期。

### （四）付息期

付息期是指发行人发行债券后的利息支付时间。利息可以是到期一次支付，也可以是1年、半年、3个月支付一次。

## 📖 财经视野

### 付息期对投资者的影响

在考虑货币时间价值和通货膨胀的情况下，付息期对投资者有很大的影响。

假设债券 A 和债券 B 具有相同的面值、到期期限和票面利率，但付息期不同。债券 A 每年付息一次，而债券 B 半年付息一次。

（1）考虑货币时间价值。债券 B 半年付息一次，投资者可以将每次收到的利息立即进行再投资。由于货币具有时间价值，这些再投资的利息将在未来的时间内继续增值，形成复利效应。相比之下，债券 A 每年付息一次，投资者只能在每年收到利息时进行再投资，形成的复利效应较弱。由此，债券 B 的实际收益率可能会高于债券 A。

（2）考虑通货膨胀。通货膨胀会降低货币购买力，从而影响未来现金流的实际价值。相对于债券 A，债券 B 的付息频率高，投资者可以更早地获得利息收入，并将其用于购买商品或服务，或者进行再投资以获取更高的回报。这样，即使通货膨胀导致货币贬值，投资者也能通过再投资等方式保持其购买力的相对稳定。

### （五）票面利率

票面利率是指债券利息与债券面值的比率，是发行人承诺在一定期限内支付给投资者报酬的计算标准。债券的票面利率受银行利率、发行人的资信状况、偿还期限、利息计算方法、资金供求情况等因素的影响。

## 二、债券的特点

债券作为一种重要的融资手段和金融工具，具有偿还性、流动性、安全性和收益性等特点。但是，上述特点在一般情况下很难同时兼顾。例如，安全性高的债券，其收益率可能较低；收益率高的债券，其投资风险通常较大。

### （一）偿还性

债券一般都规定有具体的偿还期限，要求发行人按约定的时间偿还本金并支付利息。如果发行人在债券到期日不能偿还本金，投资者有权诉诸法院强制执行。

### （二）流动性

债券的流动性是指债券在偿还期限内，可以在证券市场上自由地流通转让。投资者可按需要和市场实际情况，灵活地转让债券，以提前收回本金和实现投资收益。

### （三）安全性

债券的安全性主要表现在以下几个方面：① 债券本金在债券到期后可以收回。② 债券利率事先确定，即使是浮动利率债券，一般也会设定一个最低利率界限。③ 在企业破产时，债券投资者享有优先于股票投资者对企业剩余资产的索取权。

### （四）收益性

债券的收益性主要表现在以下几个方面：① 债券投资可以给投资者带来定期或不定期的利息收入。② 投资者可以利用债券价格的变动买卖债券，以赚取价差收益。

## 三、债券的类型

债券根据不同的分类方法可以分为不同的类型。

## （一）按发行主体分类

按发行主体的不同，债券可分为政府债券、金融债券和公司债券，如表 7-1 所示。

表 7-1　债券按发行主体分类

| 类型 | 具体内容 |
|------|----------|
| 政府债券 | 政府为筹集资金而发行的债券，主要包括国债和地方政府债券 |
| 金融债券 | 由银行和非银行金融机构发行的债券。在我国，金融债券主要由商业银行、政策性银行、证券公司等金融机构发行 |
| 公司债券 | 公司为筹集资金而发行的债券。公司债券的发行主体为公司，其信用保障主要依赖于公司的资产质量、经营状况、盈利能力等 |

## （二）按是否有财产担保分类

按是否有财产担保，债券可分为抵押债券和信用债券，如表 7-2 所示。

表 7-2　债券按是否有财产担保分类

| 类型 | 具体内容 |
|------|----------|
| 抵押债券 | 通过抵押财产来增加安全性和吸引力的债券 |
| 信用债券 | 不以任何财产作为担保，完全凭借发行主体的信用发行的债券 |

## （三）按形态分类

按形态的不同，债券可分为实物债券、凭证式债券和记账式债券，如表 7-3 所示。

表 7-3　债券按形态分类

| 类型 | 具体内容 |
|------|----------|
| 实物债券 | 具有标准格式，不挂失，可上市流通转让的债券 |
| 凭证式债券 | 以收款凭单作为债权证明，可记名，可挂失，不可上市流通转让的债券。其主要代表是凭证式国债 |
| 记账式债券 | 又称为"无纸化债券"，是指没有收款凭单，以电脑记账方式记录债权，并可以上市流通转让的债券 |

## （四）按能否转换分类

按能否转换，债券可分为可转换债券和不可转换债券，如表 7-4 所示。

可转换债券

表 7-4　债券按能否转换分类

| 类型 | 具体内容 |
|------|----------|
| 可转换债券 | 在特定时期内可以按某一固定的比例转换为普通股的债券，具有债务与权益双重属性 |
| 不可转换债券 | 又称为"普通债券"，是指不能转换为普通股的债券 |

### （五）按付息方式分类

按付息方式的不同，债券可分为零息债券、定息债券和浮息债券，如表 7-5 所示。

表 7-5　债券按付息方式分类

| 类型 | 具体内容 |
|---|---|
| 零息债券 | 票面上不规定利率，按规定的折扣率以低于债券面值的价格发行，到期按面值支付本息的债券 |
| 定息债券 | 又称"固定利率债券"，以债券票面上标示的利率，按期向投资者支付利息的债券。由于该利率不随市场利率的变化而调整，债券发行人和投资者需要承担市场利率波动的风险 |
| 浮息债券 | 票面利率随市场利率变动而调整的债券。这种债券在一定程度上可以规避市场利率波动的风险 |

### （六）按能否提前偿还分类

按能否提前偿还，债券可分为可赎回债券和不可赎回债券，如表 7-6 所示。

表 7-6　债券按能否提前偿还分类

| 类型 | 具体内容 |
|---|---|
| 可赎回债券 | 债券发行人有权在特定的时间按照某个价格，强制从投资者手中将其赎回的债券。其利率一般较高，以补偿投资者承担的提前赎回风险 |
| 不可赎回债券 | 不能在债券到期前赎回的债券 |

### 课堂讨论

根据个人的风险承受能力和投资目标，你会如何配置不同类型的债券？

## 四、债券的收益

### （一）债券收益的内容

债券收益的内容主要包括利息收入和资本利得。

#### 1. 利息收入

利息收入是债券投资的主要收益来源。投资者购买债券后，会凭借债券发行时所规定的利率，定期获得利息收入。

#### 2. 资本利得

资本利得是指债券买入价与卖出价或买入价与到期偿还额之间的差额。当卖出价或偿还额大于买入价时，投资者可能获得收益；反之，投资者可能遭受损失。资本利得受多种因素的影响，包括市场利率的变动、债券的信用评级、宏观经济状况等。

### （二）债券收益的影响因素

债券收益的影响因素较多，包括但不限于票面利率、市场利率和投资成本。

#### 1. 票面利率

债券的票面利率越高，利息收入越高，债券收益也就越高。其中，债券的票面利率取决于债券发行时的市场利率、债券期限、发行人的信用水平、债券的流动性水平等因素。

具体来说，债券发行时的市场利率越高，票面利率越高，债券收益就越高；债券期限越长，票面利率越高，债券收益就越高；发行人的信用水平越高，票面利率越低，债券收益就越低；债券的流动性越高，票面利率越低，债券收益就越低。需要注意的是，这些关系并不是绝对的。市场环境、投资者预期等因素都对票面利率有一定的影响，从而影响债券收益。

#### 2. 市场利率

市场利率通过影响债券价格，进而对债券收益产生影响。当市场利率上升时，新发行的债券利率较高，使得现有债券的吸引力降低，从而导致债券价格下降。此时，虽然债券的买卖价差可能因市场流动性等多种因素而波动，但投资者如果选择卖出债券，可能会面临资本损失（即卖出价格低于购买价格），从而降低债券收益（除非债券的利息收入能够弥补资本损失）。然而，如果投资者持有债券至到期，则主要收益来源于利息收入，市场利率的变动不会直接影响其获得的利息。

反之，当市场利率下降时，新发行的债券利率较低，使得现有债券更具吸引力，从而推动债券价格上涨。此时，债券的买卖价差同样可能受到市场流动性等多种因素的影响，但对于持有债券至到期的投资者而言，其主要收益仍然来源于利息收入，而市场利率的下降实际上增加了他们未来可能通过债券回购或再投资获得的额外收益。

#### 3. 投资成本

一般情况下，债券的投资成本包括购买成本、交易成本和税收成本。购买成本是投资者买入债券所支付的金额。交易成本包括经纪人佣金、成交手续费和过户手续费等。税收成本包括根据债券种类和投资者类型确定的增值税、所得税等税费。债券的投资成本越高，债券收益越低，但两者的关系并不是绝对的。

## 五、债券的风险管理

### （一）利率风险管理

利率风险是指由于利率变动而使投资者遭受损失的风险。利率是影响债券价格的重要因素之一，任何债券都存在利率风险。

为防范债券的利率风险，投资者可以采取以下策略：① 分散投资。投资者可以将资金分散投资在不同期限、不同品种的债券上，以减小单一债券或某一类债券的利率风险对整个投资组合的影响。这种策略有助于平衡不同债券在不同利率环境下的表现，降低整体投资组合的利率风险。② 利用金融衍生工具。投资者可以利用利率互换、远期利率协议等金融衍生工具，对冲债券投资，以降低利率风险。

### （二）购买力风险管理

购买力风险是指由于通货膨胀而使货币购买力下降的风险。正常情况下，债券的实际收益率是票面利率扣除通货膨胀率。例如，债券利率为10%，通货膨胀率为8%，则债券的实际收益率只有2%。如果国民经济处于高通货膨胀的状态，债券的实际收益率就会比较低。

对于购买力风险，最好的防范措施就是分散投资，使购买力下降带来的风险能被其他投资收益所弥补。但是，投资者将一部分资金投资于收益较高的投资方式上，如股票、期货等，也会面临其他风险。

### （三）流动性风险管理

流动性风险即变现能力风险，是指投资者在短期内无法以合理的价格卖出债券的风险。如果遇到一个好的投资机会，投资者想要出售现有债券取得流动资金，但短期内找不到合适的买主，则其需要将债券价格降到很低或者很长时间才能找到买主。此时，投资者不是遭受损失，就是丧失新的投资机会。

对于变现能力风险，投资者应尽量选择交易活跃的债券，如国债。此外，投资者在购买债券之前还应思虑齐全，准备一定的流动资金以备不时之需，避免中途转让债券造成损失。

### （四）违约风险管理

违约风险是指发行人不能按时支付利息或偿还本金，从而给投资者带来损失的风险。在所有债券中，国债由于有国家作担保，往往被认为是"金边债券"，没有违约风险。但除此之外，其他债券或多或少都存在违约风险。

一般情况下，如果市场认为一种债券的违约风险较高，那么该债券的收益率也会较高，以弥补投资者可能遭受的损失。

对于违约风险，最直接且有效的防范措施就是不买质量差的债券。对此，投资者可尽量选择投资风险低的国债。投资者如果选择公司债券，则需要深入了解公司的经营状况和以往债券的偿还情况，尽量避免购买经营状况不佳或信誉不好的公司债券。此外，在持有公司债券期间，投资者还应密切关注公司的经营状况，以便在合适的时机卖出债券。

### （五）经营风险管理

经营风险是指债券发行单位的管理人员在其经营管理过程中发生失误，导致资产减少而使投资者遭受损失的风险。

为了规避经营风险，投资者在选择公司债券时一定要调查公司的经营状况，通过分析其财务报表，了解其偿债能力和持续盈利能力。

## 六、债券的购买渠道

### （一）证券交易所

证券交易所是债券交易的主要场所之一。证券交易所通过既定的交易程序和严格的交易规则确保证券市场的高效、公平和有序进行。

#### 1. 交易程序

投资者在证券交易所购买债券的详细步骤如下。

（1）开设证券账户。首先，投资者需要开设一个证券账户，用于买卖债券及其他证券产品。开设证券账户时，投资者需要提供身份证明和其他必要的资料。

（2）了解债券信息。在购买债券前，投资者需要了解债券的发行人、类型、期限、利率等基本信息。投资者可以在证券交易所官网或相关财经媒体上查询到这些相关信息。

（3）准备资金。确定好想要购买的债券后，投资者需要确保证券账户中有足够的资金用于购买债券。证券账户中的资金可以通过银行转账或其他方式充入。

（4）下单购买。投资者登录证券公司的交易软件或网站，选择债券交易板块，输入想要购买的债券代码和数量，即可按照市场价格或指定价格下单。交易成功后，债券将自动记入投资者的证券账户。

#### 2. 交易规则

在证券交易所买卖债券时，投资者需要遵守一定的交易规则。

（1）债券的交易时间通常为周一至周五的上午 9:30 至 11:30，下午 13:00 至 15:00，法定节假日不交易。

（2）债券交易通常遵循 T+0 循环交易原则，即当天买入的债券当天就可以卖出。

（3）债券的申报数量一般为 1 手或其整数倍。一般情况下，1 手为 10 张，每张面值一般为 100 元。

### （二）银行

银行是投资者购买债券的常见渠道之一。在债券发行期间，投资者可以直接到银行柜台认购凭证式国债、记账式国债和电子式国债。不同银行对于债券购买的具体规定可能有所不同，投资者在购买债券前应咨询银行相关工作人员，了解具体的购买流程和规定。

## 任务拓展

根据当前市场环境和个人投资目标，设计一份债券投资方案。债券投资方案应包括投资目标、投资策略、债券类型、投资期限、风险评估等内容。

# 任务三　股　票

### 坚决打击从业人员违规炒股

2015 年 11 月至 2023 年 5 月，赵某在证券从业期间，违规使用朋友的证券账户买卖股票，累计成交金额达 2.13 亿元，实际亏损 71.51 万元。2023 年 12 月，中国证券监督管理委员会北京监管局对赵某违规买卖证券行为进行了行政处罚，因其能够主动配合调查，依照相关法律法规处以罚款 10 万元。

（资料来源：中国证监会北京监管局，《中国证券监督管理委员会北京监管局行政处罚决定书（赵某）》，中国证券监督管理委员会，2023 年 12 月 4 日）

**思考**：股票的收益和风险有哪些？国家为什么要坚决打击从业人员违规炒股？

## 一、股票的特点

股票是股份有限公司发给股东证明其所入股份及有权取得股息的有价证券。股票具有收益性、风险性、永久性、参与性、流动性等特点。

### （一）收益性

收益性是指股票可能为投资者带来丰厚的收益。股票投资的收益主要来源于股息收入（并非所有股票都会提供）和资本增值收益。需要注意的是，股票投资的收益并不稳定，它受公司经营状况、市场环境等多种因素的影响。

### （二）风险性

风险性是指持有股票可能产生经济利益损失的特性。这种风险性与股票的收益性相对应。投资者认购了股票，有可能获得较高的投资收益，同时也要承担较大的投资风险，如市场风险、经营风险、财务风险。

### （三）永久性

永久性是指股票所代表的权利具有长期有效性，无期限限制。一旦购买了股票，投资者便成为公司的股东，享有相应的权利，直至将股票出售或转让给他人。

### （四）参与性

参与性是指股东有权参与公司重大决策的特性。作为公司的所有者，股东可以通过股东大会或董事会，对公司的经营方针、投资计划等重大事项进行投票表决，从而参与公司的经营管理。需要注意的是，普通股东的参与性通常受其持股比例的限制，大股东往往拥有更多的话语权。

### （五）流动性

流动性是指股票能够迅速、低成本地进行大量交易，且不会引起价格的大幅变化。它反映了股票市场的活跃程度和交易效率。较高的流动性有助于投资者根据市场变化灵活调整投资策略，降低投资风险。但是，在股市崩盘、个股重大利空等特殊情况下，股票可能会出现流动性不足的情况。

### 📋 财经术语 ━━━━━━━━━━━━━━━━━━━━━━━━━━━━━━━━━━━━━━━

崩盘是指股市、房地产市场、货币市场等经济领域中的交易产品在短时间内价格急剧下跌，行情失控的现象。

个股重大利空是指能够促使该股票价格下跌的重大不利信息。

## 二、股票的类型

股票根据不同的分类方法可以分为不同的类型。

### （一）按上市地点和面对的投资者分类

按上市地点和面对的投资者的不同，股票可分为 A 股、B 股、H 股、N 股和 S 股，如表 7-7 所示。

表 7-7　股票按上市地点和面对的投资者分类

| 类型 | 具体内容 |
| --- | --- |
| A 股 | 在中国境内注册、中国境内上市的公司发行的，用人民币标明面值，并用人民币购买的股票 |
| B 股 | 在中国境内注册、中国境内上市的公司发行的，用人民币标明面值，并用外币购买的股票 |
| H 股 | 在中国境内注册、中国香港上市的公司发行的股票 |
| N 股 | 在中国境内注册、纽约上市的公司发行的股票 |
| S 股 | 在中国境内注册、新加坡上市的公司发行的股票 |

## （二）按投资主体的性质分类

按投资主体的性质的不同，股票可分为国家股、法人股和个人股，如表7-8所示。

表7-8　股票按投资主体的性质分类

| 类型 | 具体内容 |
| --- | --- |
| 国家股 | 有权代表国家投资的部门或机构以国有资产向公司投资所形成的股份 |
| 法人股 | 企业法人或具有法人资格的事业单位和社会团体以其依法可经营的资产向公司投资所形成的股份 |
| 个人股 | 个人或机构以其合法财产向公司投资所形成的股份 |

## （三）按股东承担的风险和享受的权利分类

按股东承担的风险和享受的权利的不同，股票可分为普通股和优先股，如表7-9所示。

表7-9　股票按股东承担的风险和享受的权利分类

| 类型 | 具体内容 |
| --- | --- |
| 普通股 | 在分配公司收益和剩余资产方面，享有普通权力的股票 |
| 优先股 | 在分配公司收益和剩余资产方面，享有优先权的股票 |

## 📖 财经视野

### 优先股的特点

（1）固定股息收益。与普通股不同，优先股的股息率（每股股息与每股股价的比率）是在发行时约定好的，不受公司生产经营状况和盈利能力的影响。

（2）优先分配权。当公司营业利润不够支付全体股东的股息和红利时，优先股股东先于普通股股东获得股息和红利。当公司因解散、破产等进行清算时，优先股股东先于普通股股东分配公司的剩余资产。

（3）限制表决权。优先股股东一般无权参与公司的经营管理。

（4）可赎回。公司在发行优先股时可能会附有赎回条款，一旦达到赎回条款中规定的条件，公司可以选择性地回购那些已被投资者持有的优先股。

## （四）按业绩表现分类

按业绩表现的不同，股票可分为蓝筹股、绩优股和垃圾股，如表7-10所示。

表 7-10　股票按业绩表现分类

| 类型 | 具体内容 |
|---|---|
| 蓝筹股 | 经营业绩良好，具有较强的经济实力，并在某一行业中占支配地位的大公司所发行的普通股票。这类股票的收益稳定、可靠，其价格也较高 |
| 绩优股 | 业绩优良且比较稳定的公司所发行的股票。衡量绩优股的主要指标是每股税后利润和净资产收益率。一般情况下，公司上市后的净资产收益率连续 3 年显著超过 10%的股票当属绩优股之列 |
| 垃圾股 | 业绩较差且问题较多的公司所发行的股票，一般是指被评级为非投资级的股票 |

# 三、股票的收益及风险

## （一）股票的收益

股票的收益一部分来自公司派发的股息，这类收益取决于公司的经营状况和盈利水平；另一部分来自股票在二级市场上流通而产生的资本增值收益。如果股票出售时的市场价格高于买入时的市场价格，那么投资者出售股票就能赚取价差，形成投资收益。

## （二）股票的风险

股票的风险通常以其影响范围与能否分散划分为系统性风险和非系统性风险。

### 1. 系统性风险

系统性风险又称"不可分散风险"，是指某些因素（政治、经济、社会环境等）的影响和变化，导致股市上所有股票价格下跌，从而给投资者带来损失的可能性。系统性风险主要包括政策风险、市场风险、利率风险和购买力风险。

对于系统性风险，投资者无法通过多样化的投资组合来化解。但投资者可以结合对国家宏观经济的理解，做出预测和防范，进一步调整自己的投资策略。

### 2. 非系统性风险

非系统性风险又称"可分散风险"，是指仅对某一只股票或某一类股票产生影响的风险。非系统性风险主要包括经营风险、财务风险、信用风险、道德风险等。例如，上市公司的管理能力、财务状况、市场销售情况、重大投资策略等因素的变化，都会对公司的股价产生影响，从而影响投资者的收益。

对于非系统性风险，投资者应增强风险防范意识，多学习证券知识，多了解、分析和研究宏观经济形势及上市公司的经营状况，从而提高自身抵御风险的能力。

### 课堂讨论

如何平衡股票的风险和收益？

## 经典案例

### 投资者的盲从狂欢

在一次疯狂的股票投机狂潮中，有一只股票被人们热烈追捧。虽然投资者们并不知道这只股票的具体来头，甚至不知道发行这只股票的公司怎样，但他们还是争先恐后地购买这只股票。他们相信未来会有更多的人购买这只股票，推动股价不断上涨。

在这个过程中，每个投资者都认为自己不会是最后一个接手这只股票的人。他们认为自己有足够的智慧和判断力，能够在股价达到顶峰之前及时出手，赚取丰厚的利润。然而，当市场热度逐渐退去，投资者们开始意识到这只股票的真实价值远低于市场价格，于是开始抛售这只股票。最终，那些没有及时调整投资策略、卖出股票的投资者们承受了巨大的损失。

在资本市场中，人们往往被贪婪和盲目所驱使，忽视了资产的真实价值，只关注短期的投机收益。然而，这种投机行为往往伴随着巨大的风险，一旦市场发生逆转，投资者可能会面临巨大的损失。因此，在投资过程中，投资者要保持理性，不要被市场的炒作信息和谣言所迷惑。

## 四、股票的交易程序

### （一）开户

投资者在进行股票交易前，首先要开设证券账户和资金账户。证券账户用来记录投资者所持有的证券类型、数量和相应的变动情况，资金账户用来记录投资者买卖证券的货币收付和结存数额。

开立证券账户和资金账户后，投资者买卖证券所涉及的证券、资金变化就会从相应的账户中得到反应。例如，某投资者买入甲股票1 000股，包括股票价格和交易税费的总额用为10 000元，则投资者的证券账户上就会增加甲股票1 000股，资金账户上就会减少10 000元。

### （二）委托

投资者一般需要通过经纪商的代理才能在证券交易所买卖股票。在这种情况下，投资者向经纪商下达买进或卖出股票的指令，即委托。投资者委托经纪商买卖某种股票时，需要签订委托契约书，并填写年龄、职业、身份证号码等基本信息，以及买卖的股票种类、价格、数量等详细信息。

## （三）竞价成交

股票交易采用竞价成交，即买卖双方公开报价，由交易系统按照"价格优先、时间优先"的原则撮合成交。价格优先是指在买进股票时，较高的买进价格申报优先于较低的买进价格申报；卖出股票时，较低的卖出价格申报优先于较高的卖出价格申报。时间优先是指当存在若干相同价格申报时，应当由最早提出该价格申报的一方成交。

### 📖 财经视野

#### 股票的交易时间

中国股市的交易时间一般是除法定节假日外的周一至周五，上午 9:30 至 11:30，下午 13:00 至 15:00。

中国香港股市的交易时间一般是除香港公众假期之外的周一至周五，上午 9:30 至 12:00，下午 13:00 至 16:00。

## （四）清算和交割

交易完成后，买卖双方需要进行清算和交割。清算是指根据交易结果计算应收应付的款项，交割是指按照清算结果，实现股票和资金的转移。清算和交割过程由证券登记结算机构负责，确保买卖双方的权益得到保障。

## （五）过户

股票从卖方的证券账户转入买方的证券账户，同时资金在扣除费用后从买方的资金账户转入卖方的资金账户，即可完成过户。

我国证券交易所的股票实行无纸化交易。对于交易过户而言，结算的完成即实现了过户。所有的过户手续都由证券交易所的自动过户系统一次性完成，不需要投资者另外办理。

### 任务拓展

两人一组，讨论债券和股票在风险、收益等方面的差异，以及投资者应如何选择这两种投资工具。

# 任务四　基　金

**任务导入**

## 基金上热搜，你稳住了吗

　　近些年，个人参与基金投资的热情持续上涨，使基金频繁登上热搜。小王看到这一趋势，内心涌起一股冲动，想要尝试购买基金。于是，在没有深入研究和了解的前提下，小王根据基金的热搜榜单，选购了一支基金。他怀着期待的心情，在基金交易平台下单购买。

　　然而，没过几天，小王发现自己购买的基金并没有像预期的那样盈利，反而出现了亏损。他开始感到焦虑和不安，不明白为什么别人的基金都在涨，自己的基金却在下跌。

**思考**：上述案例说明了哪些道理？投资者应如何应对基金投资的风险？

## 一、基金的特点

　　基金是为了某种目的而设立的具有一定数量的资金。这些资金主要由投资者出资，基金管理人管理。基金的特点主要包括集合投资、分散风险和专业管理。

### （一）集合投资

　　基金作为一种集合投资工具，使得小额投资者有机会通过购买基金份额，将各自的资金汇聚成一个庞大的资金池，共同参与到那些原本需要高额资金才能进入的投资领域。这种投资方式使得投资者能够跨越原本因资金规模限制而难以触及的投资门槛。

### （二）分散风险

　　在投资活动中，风险与收益密不可分。对于小额投资者而言，资金规模的限制往往使他们难以直接实现投资组合的多样化，从而增加投资风险。然而，基金通过构建包含多种不同金融资产、跨越多个行业和地区的投资组合，直接实现了资金的分散化投资。这种投资方式不仅降低了投资者对单一投资标的的依赖，还直接为小额投资者提供了多样化的投资组合，分散了投资风险。

### （三）专业管理

基金通常由专业的管理人员（基金经理）负责运作和管理。这些管理人员具有丰富的证券投资经验，能够根据市场变化和宏观经济环境做出投资决策，最大限度地帮助投资者创造收益。

**课堂讨论**

基金和股票有哪些区别？

## 二、基金的类型

基金根据不同的分类方法可以分为不同的类型。

### （一）按发行对象分类

按发行对象的不同，基金可分为私募基金和公募基金，如表 7-11 所示。

表 7-11　基金按发行对象分类

| 类型 | 具体内容 |
| --- | --- |
| 私募基金 | 以非公开方式向少数投资者募集资金而设立的投资基金 |
| 公募基金 | 以公开方式向社会公众投资者募集资金而设立的投资基金 |

### （二）按组织形态分类

按组织形态的不同，基金可分为公司型基金和契约型基金，如表 7-12 所示。

表 7-12　基金按组织形态分类

| 类型 | 具体内容 |
| --- | --- |
| 公司型基金 | 一种采用公司组织形式的投资基金。投资者购买公司型基金，即成为该公司的股东，并依法享有股东权利 |
| 契约型基金 | 基于信托关系而设立的投资基金。投资者作为信托关系的当事人和受益人，将资金交由基金经理管理，享受基金投资所产生的收益，但不直接参与基金的管理和决策 |

### （三）按基金单位是否可增加或赎回分类

按基金单位是否可增加或赎回，基金可分为开放式基金和封闭式基金，如表 7-13 所示。

表 7-13　基金按基金单位是否可增加或赎回分类

| 类型 | 具体内容 |
| --- | --- |
| 开放式基金 | 基金份额可随时增减的投资基金。开放式基金的基金份额不固定，投资者可随时申购，也可将持有的基金份额按现期净资产价值扣除手续费后的价格卖给基金发行人 |
| 封闭式基金 | 基金份额不可随时增减的投资基金。封闭式基金的基金份额在基金合同期限内是固定的，发行额满即封闭。对于大多数封闭式基金，投资者可在公开市场上按市场价格购买或转让其持有的基金份额 |

## （四）按投资风险与收益分类

按投资风险与收益的不同，基金可分为成长型基金、收入型基金和平衡型基金，如表 7-14 所示。

表 7-14　基金按投资风险与收益分类

| 类型 | 具体内容 |
| --- | --- |
| 成长型基金 | 以追求资本的长期增值为基本目标，从而投资于具有良好增长潜力的股票或其他证券的投资基金 |
| 收入型基金 | 以追求当期高收入为基本目标，从而投资于能带来稳定收入的债券或优先股等投资对象的投资基金 |
| 平衡型基金 | 既追求资本的长期增值，又追求当期高收入的投资基金。其主要投资于股票、债券、优先股等有价证券，且这些有价证券在投资组合中有比较稳定的组合比例。平衡型基金的风险与收益状况介于成长型基金和收入型基金之间 |

## （五）按投资标的分类

按投资标的的不同，基金可分为债券型基金、股票型基金、货币市场型基金和混合型基金，如表 7-15 所示。

货币市场型基金

表 7-15　基金按投资标的分类

| 类型 | 具体内容 |
| --- | --- |
| 债券型基金 | 80%以上的基金资产投资于债券的投资基金。由于债券的年利率相对固定，这类基金的风险较低，适合稳健型投资者 |
| 股票型基金 | 80%以上的基金资产投资于股票的投资基金。这类基金的风险较高，但可能会带来较高的收益 |
| 货币市场型基金 | 以货币市场工具为投资对象的投资基金。这类基金通常被认为是无风险或低风险的投资，主要投资于短期货币工具，如短期国债、商业汇票、银行承兑汇票、银行定期存款、大额转账存单等 |
| 混合型基金 | 投资于股票、债券及货币市场工具的投资基金。这类基金的设计目的是让投资者通过选择一款基金产品就能实现投资的多元化，无须分别购买股票型基金、债券型基金和货币市场型基金 |

## 三、基金的风险管理

和股票一样，基金也面临着系统性风险与非系统性风险。为防范基金的风险，投资者需要遵循入市宜谨慎、涉市宜冷静、退市应果断的原则。

### （一）入市宜谨慎

#### 1. 做好充分的准备

在决定进入基金市场之前，投资者应充分了解基金的基础知识，如基金的类型、风险、收益、运作方式等。此外，投资者还要对自己的财务状况、投资目标、风险承受能力等有清晰的认识。

#### 2. 选择优质基金

在选择基金时，投资者应关注基金的历史业绩、管理团队的专业能力、基金公司的信誉等因素，避免盲目追求高收益而忽略风险。

#### 3. 合理配置资产

投资者应根据自己的风险承受能力和投资目标，合理配置不同类型的基金，如债券型基金、股票型基金、混合型基金等，以实现资产的多元化配置，降低风险，提高收益。

### （二）涉市宜冷静

#### 1. 保持理性

在基金投资过程中，投资者应保持理性，不受市场波动的影响，不盲目跟风或听信小道消息，坚持自己的投资策略。

#### 2. 长期投资

基金投资一般是一项长期投资，这就要求投资者树立长期投资的理念，避免短期频繁交易，通过长期持有优质基金，实现资产的稳健增值。

#### 3. 适时调整

虽然基金投资强调长期投资策略，但投资者仍需要定期关注投资组合的表现，并根据市场变化情况和个人需求适时调整投资策略，保持投资组合的竞争力。

### （三）退市应果断

#### 1. 设定止损点

在投资基金前，投资者应设定合理的止损点，即可承受的最大损失。当投资亏损达到预设的止损点时，投资者应果断卖出基金，避免进一步扩大损失。

#### 2. 关注市场趋势

在基金投资过程中，投资者应密切关注市场动态和政策变化。当市场发生不利变化时，投资者应及时调整投资策略或退出市场。

## 任务拓展

不同类型的基金（如债券型基金、股票型基金、混合型基金等）的特点、风险和收益情况各不相同。分析投资者应该如何根据自身需求和风险承受能力选择合适的基金。

# 任务五　保　险

## 任务导入

### 患癌之后的官司

2020年3月，家住重庆市沙坪坝区的陈女士被确诊患有乳腺癌。震惊之余，她突然想起自己曾经在网上购买过一份健康保险，于是便给保险公司打电话申请理赔。然而，保险公司却拒绝理赔。

保险公司拒绝理赔的原因是陈女士在投保之前曾有乳腺增生的就诊记录，并且投保时并未如实告知。保险公司认为乳腺增生是乳腺癌的既往症（投保前就已经有的疾病）。合同免责条款里有约定，保险公司对于既往症不予赔付。陈女士认为乳腺增生与乳腺癌没有关系，她在投保时也没注意看条款。

双方争执不下，陈女士就把保险公司告上了法庭。最终，双方达成调解协议，保险公司同意赔付陈女士62 300元。

（资料来源：王莹、李颖，《今日说法 20220524 患癌之后的官司》，

央视网，2022年5月24日）

**思考：** 在购买保险时，消费者需要注意哪些事项？

## 一、保险的基本要素

保险是指投保人根据合同约定向保险人支付保险费，保险人对于合同约定的可能发生的事故因其发生所造成的财产损失承担赔偿保险金责任，或者当被保险人死亡、伤残、疾病，达到合同约定的年龄、期限等条件时，承担给付保险金责任的商业保险行为。

保险的基本要素包括投保人、保险人、保险标的、保险费和保险合同。

### （一）投保人

投保人是指与保险人订立保险合同，并按照保险合同负有支付保险费义务的人。投保

人具有以下权利：请求保险公司对保险标的给予保险保障的权利；享有变更保险合同内容、选择保险受益人、续订保险或退保的权利；在保险事故发生时或达到保险合同约定的条件时，享有请求赔偿或给付保险金的权利。同时，投保人承担着缴纳保险费的义务。

需要注意的是，投保人与被保险人可能是同一人，也可能不是同一人。例如，在为自己购买保险时，投保人就是被保险人；在为家人、员工或他人购买保险时，投保人可能是被保险人的亲属、雇主或其他关系人。

### （二）保险人

保险人又称"承保人"，是指与投保人订立保险合同，并承担赔偿或者给付保险金责任的保险公司。保险人是经营保险业务的组织，通过收取保险费积聚保险基金，在保险事故发生时履行赔偿或给付保险金的义务。同时，保险人享有向投保人收取保险费的权利。

### （三）保险标的

保险标的是保险所要保障的目标，它可以是人的生命、健康、财产、责任等。例如，财产损失保险的标的是被保险的财产，责任保险的标的是被保险人所要承担的经济赔偿责任，信用保险的标的是被保险人的信用导致的经济损失。

### （四）保险费

保险费是指投保人为取得保险保障，按保险合同的约定向保险人支付的费用。保险费是建立保险基金的主要来源，也是保险人履行义务的经济基础。一般情况下，保险费的数额同保险费率的高低、保险金额的大小、保险期限的长短成正比。

### （五）保险合同

保险合同是保险双方当事人依法订立的协议，该协议明确规定了在特定情况下，保险人应承担的责任。保险合同是保险关系存在的基础，是保险行为的法律依据。

### 课堂讨论

保险具有哪些作用？

## 二、保险的类型

### （一）按实施方式分类

按实施方式的不同，保险可分为强制保险和自愿保险，如表 7-16 所示。

表 7-16　保险按实施方式分类

| 类型 | 具体内容 |
|------|----------|
| 强制保险 | 根据国家颁布的有关法律法规，凡是在规定范围内的单位和个人，不管愿意与否都需要参加的一种保险。例如，养老保险、医疗保险、失业保险、工伤保险、生育保险 |
| 自愿保险 | 在自愿协商的基础上，投保人和保险人订立保险合同而实现的一种保险。投保人和保险人的权利和义务均通过保险合同明确约定，不受第三方的干预 |

## （二）按保险标的分类

按保险标的的不同，保险可分为财产保险和人身保险，如表 7-17 所示。

表 7-17　保险按保险标的分类

| 类型 | 具体内容 |
|------|----------|
| 财产保险 | 以财产及其经济利益和损害赔偿责任为保险标的的一种保险，包括财产损失保险、责任保险、信用保险等 |
| 人身保险 | 以人的寿命和身体为保险标的的一种保险，包括人寿保险、人身意外保险、健康保险等 |

## （三）按承保的功能分类

按承保的功能的不同，保险可分为投连险、万能险和分红险，如表 7-18 所示。

表 7-18　保险按承保的功能分类

| 类型 | 具体内容 |
|------|----------|
| 投连险 | 将保险和理财组合在一起的一种保险。投保人缴纳的保险费，一部分具有保险的保障功能，另一部分与保险公司的投资收益挂钩。因此，投保人需要承担相应的投资风险 |
| 万能险 | 集投资收益、身故保障、重大疾病保障等多种功能于一身的一种保险。其具有缴费灵活、保障全面的特点 |
| 分红险 | 保险公司在每个会计年度结束后，将上一会计年度该类分红险的可分配盈余按一定比例以现金红利或增值红利的方式分配给投保人的一种保险 |

## （四）按业务承保方式分类

按业务承保方式的不同，保险可分为原保险和再保险，如表 7-19 所示。

表 7-19　保险按业务承保方式分类

| 类型 | 具体内容 |
|------|----------|
| 原保险 | 保险人对被保险人因保险事故所致的损失承担直接的、原始的赔偿责任的一种保险。原保险体现了保险人与被保险人之间的直接保险关系 |
| 再保险 | 原保险人将已经承保的风险，再向其他保险人进行投保，与之共担风险的一种保险。再保险体现了保险人为了分散风险而与其他保险人建立的保险关系 |

## 三、保险的选购

### （一）购买渠道

保险的购买渠道多种多样，每种渠道都有其特点和优势。消费者可以根据自身需求和实际情况选择合适的购买渠道。

#### 1. 保险代理人或经纪人

保险代理人或经纪人是专业的保险销售人员，他们了解各种保险产品的特点和优势，可以根据消费者的需求和预算推荐合适的保险产品。通过与他们面对面交流，消费者可以更加深入地了解保险产品的细节。

但是，由于保险代理人或经纪人的收入与其销售业绩挂钩，素质较差的保险代理人或经纪人通常会故意夸大保险产品的功能或淡化其中的不利条款，来欺骗消费者进行投保甚至私吞保险费。因此，消费者在选择保险代理人或经纪人时，应保持警惕与理性，不要因为保险代理人或经纪人提供优惠而匆忙投保。

#### 2. 银行

银行提供的保险产品相对较少，且主要集中在分红险、万能险和投连险等投资型保险产品上。这些产品通常与银行的金融服务相结合，为消费者提供综合性的财务规划方案。

#### 3. 保险公司官网

大多数保险公司都会提供在线购买保险的服务。消费者可以在保险公司官网上浏览各类保险产品、查看产品说明书后，选择适合自己的保险产品，并按照页面提示完成投保流程。这种方式具有便捷、快速的优点。

#### 4. 第三方保险平台

第三方保险平台是独立于保险人和投保人的中介机构，它们会提供多家保险公司的产品以便消费者比较和选择。消费者可以在这些平台上浏览不同保险公司的产品，比较价格和保障范围，从而选择最适合自己的保险产品。

但是，第三方保险平台可能基于自身利益，如与某些保险公司有合作关系等，比较倾向于推广某些保险产品，使消费者在获取产品信息时面临信息不对称的风险。此外，部分第三方保险平台可能存在安全隐患，如泄露个人信息等。

### （二）投保必知

无论选择哪种渠道购买保险，消费者都应注意以下几点。

（1）了解保险产品的保障范围、理赔流程等重要信息。

（2）仔细阅读保险合同，深入理解免责条款的内容。

（3）根据自身需求和预算选择合适的保险产品，避免盲目购买或过度投保。

**任务拓展**

两人一组，选择一家保险公司，了解该保险公司的特色产品，并研究这些产品的保障范围、保费水平、理赔流程等。

## 项目考核

### 一、单选题

1. （　　）是指事先约定存期，每月固定存款，到期一次性支取本息的储蓄方式。

A．整存整取定期存款

B．零存整取定期存款

C．存本取息定期存款

D．通知存款

2. 由银行和非银行金融机构发行的债券是（　　）。

A．公司债券　　　　　　　　　　　B．政府债券

C．金融债券　　　　　　　　　　　D．可转换债券

3. 业绩优良且比较稳定的公司所发行的股票是（　　）。

A．优先股　　　　　　　　　　　　B．绩优股

C．普通股　　　　　　　　　　　　D．蓝筹股

4. 下列选项中，属于系统性风险的是（　　）。

A．经营风险　　　　　　　　　　　B．信用风险

C．财务风险　　　　　　　　　　　D．购买力风险

5. 股票型基金是指（　　）以上的基金资产投资于股票的投资基金。

A．90%　　　　　　　　　　　　　B．60%

C．80%　　　　　　　　　　　　　D．70%

### 二、多选题

1. 按形态的不同，债券可分为（　　）。

A．抵押债券　　　　　　　　　　　B．实物债券

C．凭证式债券　　　　　　　　　　D．记账式债券

2. 股票的特点包括（　　）。

A．偿还性　　　　　　　　　　　　B．流动性

C．风险性　　　　　　　　　　　　D．收益性

3．按基金单位是否可增加或赎回，基金可分为（　　）。

A．开放式基金　　　　　　　　　　B．封闭式基金

C．私募基金　　　　　　　　　　　D．公募基金

4．保险的基本要素包括（　　）。

A．发行人　　　　　　　　　　　　B．投保人

C．保险标的　　　　　　　　　　　D．保险合同

5．保险的购买渠道包括（　　）。

A．银行　　　　　　　　　　　　　B．保险代理人

C．第三方保险平台　　　　　　　　D．保险公司官网

## 三、简答题

1．简述储蓄的技巧。

2．简述影响债券收益的因素。

3．简述股票交易的程序。

4．简述基金投资的风险防范措施。

# 项目综合评价

指导教师可以根据学生的课堂表现、任务拓展的完成情况、项目考核情况对其进行评价。学生配合指导教师共同完成项目综合评价表（见表 7-20）。

表 7-20　项目综合评价表

| 班级 | | 组号 | | 日期 | | |
|---|---|---|---|---|---|---|
| 姓名 | | 学号 | | 指导教师 | | |
| 学习成果 | | | | | | |
| 评价维度 | 评价指标 | 评价标准 | | 分值 | 评价分数 | |
| | | | | | 自评 | 师评 |
| 素养评价（20分） | 学习态度 | 刻苦认真，勇于钻研 | | 5 | | |
| | 纪律意识 | 遵守课堂纪律，认真完成作业 | | 5 | | |
| | 互动意识 | 积极发言，完成课堂互动 | | 5 | | |
| | 团队精神 | 尊师爱友，积极合作，团结奋进 | | 5 | | |
| 知识评价（20分） | 基础知识 | 熟悉储蓄的类型和技巧 | | 4 | | |
| | | 熟悉债券的基本要素、特点、类型、收益、风险管理和购买渠道 | | 4 | | |
| | | 熟悉股票的特点、类型、收益、风险和交易程序 | | 4 | | |
| | | 熟悉基金的特点、类型和风险管理 | | 4 | | |
| | | 熟悉保险的基本要素、类型和选购 | | 4 | | |
| 能力评价（20分） | 风险识别能力 | 能够识别投资过程中的风险 | | 6 | | |
| | 分析能力 | 能够全面分析投资项目 | | 7 | | |
| | 决策能力 | 能够做出科学的投资决策 | | 7 | | |
| 成果评价（40分） | 任务拓展 | 能够制定一份科学、详细的储蓄计划 | | 7 | | |
| | | 能够设计一份科学、详细的债券投资方案 | | 7 | | |
| | | 能够全面、准确地分析债券和股票的差异 | | 7 | | |
| | | 能够根据自身需求和风险承受能力选择合适的基金 | | 7 | | |
| | | 能够全面、准确地分析不同保险产品的特点和优势 | | 6 | | |
| | 项目考核 | 能够迅速、准确地完成相应习题 | | 6 | | |
| 合计 | | | | 100 | | |
| 总评 | 自评（30%）+师评（70%）= | | | 教师（签名）： | | |

# 项目八

## 金融资本投资（下）

### 项目导读

    金融资本投资允许投资者跨越国界，在全球范围内寻找优质资产，实现资产的多元化配置和风险分散。通过学习金融资本投资，学生可以掌握更多的投资技巧，保持敏锐的市场洞察力，增强风险意识，为未来的跨境投资和国际贸易打下坚实的基础。本项目主要介绍了黄金、外汇、期货和信托。

### 学习目标

#### 知识目标

（1）掌握黄金投资的优势和方式。

（2）了解外汇的特点和类型。

（3）掌握汇率的标价方法、类型和影响因素。

（4）熟悉外汇交易的方式和外汇风险。

（5）掌握期货的类型、风险和投资方式。

（6）熟悉信托的特点、优势、风险和购买流程。

#### 能力目标

（1）能够平衡投资的风险与收益。

（2）能够深入分析各类资产的价格变动规律。

#### 素养目标

（1）培养良好的心理素质，以抵御市场短期波动的影响。

（2）关注国际经济形势和政策变化。

### 法策之窗

    《中华人民共和国金银管理条例》《中华人民共和国外汇管理条例》《中华人民共和国期货和衍生品法》《中华人民共和国信托法》是政府为了规范黄金交易、外汇交易、期货交易和信托交易等行为，保障各方权益而制定的法律法规。

    扫一扫右边的二维码，了解与本项目相关的法律法规。

项目八相关的法律法规

## 任务一　黄　金

**任务导入**

### 赵先生的黄金投资实践

赵先生是一位上班族，工作之余一直关注投资理财。过去几年间，他将大部分积蓄投入股市，但频繁的市场波动导致资产缩水，这让他很焦虑。跟同学聊天时，在银行工作的同学建议他将黄金作为避险资产。

抱着尝试的心态，赵先生在银行开通了黄金积存账户，每月从工资中划拨固定金额购买黄金份额。起初的几个月，金价出现小幅波动，他始终保持定期投入。随着全球货币政策的不确定性加剧，市场避险需求激增，黄金价格稳步上涨。赵先生账户内黄金资产累计实现 18% 的增值。

尝到甜头后，赵先生开始系统学习黄金投资知识。他用年终奖购买了银行发行的生肖贺岁金条，这既满足家庭收藏需求，又丰富了投资形式。此外，他计划将黄金投资纳入家庭资产的长期配置方案。

思考：黄金投资的优势和方式有哪些？

## 一、黄金投资的优势

黄金投资是指投资者通过买卖黄金或黄金衍生品，以获得收益的行为。一般情况下，黄金投资的优势主要体现在以下几个方面。

### （一）对抗通货膨胀

通货膨胀使得货币价值贬值，货币购买力日渐降低，钱变得不值钱。但是，黄金本身属于贵重商品，其价格会随通货膨胀而上升。黄金价格的上升可以抵消通货膨胀带来的部分损失，保证投资者的资产不被通货膨胀侵蚀。

### （二）规避风险

黄金之所以可以规避风险，是因为它的价值高，并且是一种独立的资源，不受限于任何国家或市场，与政府或公司也没有牵连。

当世界政局和经济不稳，尤其是发生战争或经济危机时，各种投资工具（如股票、基金、房地产等）会受到严重的冲击。在这种背景下，黄金成为投资者竞相追逐的避风港，其需求会不断增加，其价格也会稳步上升，这充分体现出其较好的避险属性。

### （三）流通性强

黄金属于硬通货，是全世界都认可的资产，具有较高的流通性。一般情况下，只要手中拥有黄金，任何人在世界各地的银行、金店都能够把黄金兑换为当地的货币。

## 二、黄金投资的方式

### （一）实物黄金

实物黄金通常指的是金条、金币、黄金饰品等能够看得到且摸得着的黄金制品。

#### 1. 金条

金条的变现能力比较好，可以在全球范围内交易，且在大多数地区还不征收交易税。一般情况下，金条可以分为投资性金条和纪念性金条。

（1）投资性金条。投资性金条通常没有复杂的设计，其形状和大小都较为统一，便于储存和交易。例如，上海黄金交易所的标准金条，通常有固定的重量（10克、50克、100克等），其纯度也达到了很高的标准（99.99%）。投资性金条更适合那些主要关注黄金本身价值的投资者。

（2）纪念性金条。纪念性金条通常具有独特的设计，以体现其纪念意义。例如，生肖纪念金条、重大事件纪念金条、银行定制纪念金条等。纪念性金条更适合那些既关注黄金价值，又希望收藏具有纪念意义物品的投资者。

### 课堂讨论

金条投资存在哪些缺点？

#### 2. 金币

金币是一种由各国中央银行或政府授权的机构发行的，具有特定图案和设计的黄金制品。金币的价值不仅受黄金含量的影响，还受其发行量、历史背景、设计等因素的影响。投资者在购买金币时，需要关注其成色、重量等关键信息，并谨慎评估投资价值和风险。

#### 3. 黄金饰品

黄金饰品在形式上与金条、金币有所不同，它更多地体现了黄金的装饰价值。从纯投资的角度来看，黄金饰品并不是一种理想的黄金投资方式。一方面，黄金饰品的加工费较高，这增加了投资成本；另一方面，黄金饰品的流动性较差，不便于投资者随时变现。

**经典案例**

## 冯先生的黄金实物投资策略

冯先生是一名企业家，想要寻找一种稳健的投资渠道。多番思考，冯先生选择了实物黄金作为投资对象。

在投资过程中，冯先生并没有一次性购买大量黄金，而是选择在不同时间点分批买入，以降低风险。在某次黄金价格相对较低时（每克约 460 元），冯先生购买了 10 千克黄金。持有这些黄金的期间，冯先生密切关注黄金价格的变化。当黄金价格上涨至每克 578 元时，冯先生选择卖出部分黄金，实现了盈利。在黄金价格回调至每克 524 元时，冯先生又购买了 10 千克黄金。

通过分批买入和卖出策略，冯先生成功实现了盈利。即使面对黄金价格的波动，他也能保持冷静并做出合理的投资决策。

### （二）纸黄金

纸黄金不是实物黄金，可以被视为一种虚拟黄金。投资者可以在银行提供的平台上买卖纸黄金，通过低买高卖，获取价差收益。

纸黄金与国际金价挂钩，采用 T+0 的交割方式，24 小时不间断交易，为投资者提供了更多的短线操作机会。此外，与实物黄金相比，纸黄金没有存储成本，交易方便且交易成本较低。

### （三）黄金 ETF

黄金 ETF（黄金交易型开放式证券投资基金）是一种将绝大部分基金资产投资于黄金，紧密跟踪黄金价格，并在证券交易所上市的开放式基金。投资者通过购买黄金 ETF 份额来间接持有黄金，无须实际购买和储存黄金。这种投资方式的优点是起购金额低、交易效率高。

### （四）黄金期货

黄金期货是指以国际黄金市场未来某时点的黄金价格为交易标的的期货合约。与实物黄金相比，黄金期货具有以下独特之处。

（1）黄金期货交易采取多空双向交易机制。这意味着投资者既可以在看涨时买入期货合约，也可以在看跌时卖出期货合约。

（2）黄金期货交易的交易物是符合规定的金锭，每手黄金期货合约都代表一定数量的黄金。

（3）黄金市场的全球性使得黄金期货的价格不容易被操纵，投资者能够在一个相对公平、透明的环境中进行交易。

（4）黄金期货交易允许投资者支付较低比例的保证金去操作价值较大的黄金合约。但是，当市场价格波动较大时，投资者可能会面临较大的亏损。

### （五）黄金期权

黄金期权是指投资者在未来某一特定日期以特定价格购买或出售一定数量黄金的权利。黄金期权是一种高风险投资工具，适合具备一定投资经验和风险承受能力的投资者。

### （六）黄金股票

黄金股票又称"金矿公司股票"，是金矿公司向社会公开发行的股票。投资者买卖黄金股票不仅是投资金矿公司，也是间接投资黄金。因此，投资黄金股票要比单纯投资黄金或股票更复杂。投资者不仅要关注金矿公司的经营状况，还要分析黄金的价格走势。

## 📖 财经视野

### 国际储备

国际储备是一国政府持有的，为了弥补国际收支赤字，保持汇率稳定，以及应付其他紧急支付需要而持有的国际间普遍接受的所有流动资产的总称。国际储备主要包括以下几个方面的内容。

（1）黄金储备。黄金储备是国际储备的最初形式，在一国的国际储备资产中占有相当重要的地位。由于黄金本身具有价值，且价值比较稳定，黄金储备是一种相对稳定的国际储备资产。

（2）外汇储备。外汇储备是国际储备最主要的组成部分，是
一国政府所持有的国际间普遍接受的外国货币。外汇储备是国际清偿能力的主要构成和衡量国家经济实力的重要指标。

**我国储备黄金的意义**

（3）在国际货币基金组织（international monetary fund，IMF）的储备头寸。储备头寸是一国在 IMF 的自动提款权，其数额大小主要取决于该会员国在 IMF 认缴的份额。会员国可使用的最高限额为份额的 125%，最低为 0。

（4）特别提款权（special drawing right，SDR）。SDR 是国际货币基金组织为了补充国际储备资产的不足而创设的一种新的国际储备资产和记账单位。它以成员国缴存的基金份额为标准进行分配，分配后就成为该成员国的资产。SDR 可以用来弥补国际收支逆差（将特别提款权划给另一个成员国），还可以用来偿还国际货币基金组织的贷款。

## 任务拓展

黄金投资虽然有很多优点，但也存在风险。分析不同黄金投资方式的风险和收益，并根据自身的投资目标和风险承受能力，制定合适的黄金投资策略。

# 任务二　外　汇

## 任务导入

### "外汇"汇走了养老钱

家住四川省巴中市巴州区的单先生临近退休爱上了投资。他在一个外汇套利群中下载了一个应用程序，被其中"包赚不赔"的广告语所吸引，并根据推荐购买了一些外汇。初尝甜头后，单先生将手头的几万块钱全部拿去投资，结果踏入了别人精心设计的圈套，使存了半辈子的养老钱血本无归。巴州区公安分局刑侦大队介入调查后发现，这个应用程序是一个虚假的炒汇平台，而单先生往应用程序里充的钱流入了一个私人账户。警方通过资金流分析锁定了犯罪嫌疑人，最终将其抓获。

（资料来源：王莹、汤贝妮，《今日说法 20210302 "外汇"汇走了养老钱》，
央视网，2021 年 3 月 2 日）

思考：该案例说明了什么？外汇主要有哪些风险？

## 一、外汇的特点与类型

### （一）外汇的特点

#### 1. 国际性

外汇的国际性体现在外汇涉及不同国家间的货币交换、连接世界各地的交易者及促进国际间资金流动等多个方面。

#### 2. 可兑换性

外汇的可兑换性要求一国货币能够按照一定比例，不受限制地兑换成他国货币。这种可兑换性不仅反映了各国商品和服务能否自由交换的问题，还反映了资本能否自由流动的问题。需要注意的是，外汇的可兑换性并非绝对无条件的。在某些情况下，政府可能会出于经济安全、金融稳定等因素，对货币兑换实施一定的限制或管理。

### 3．可偿性

外汇的可偿性要求各种外汇资产具备被偿还的能力，这是维护外汇资产价值稳定和促进国际贸易顺利进行的重要因素。可偿性的存在确保了外汇交易的双边性和公平性，即交易双方都有责任和义务履行其承诺。它促进了国际间信用关系的建立和维护，为国际贸易和资本流动提供了可靠的基础。

## （二）外汇的类型

### 1．按来源和用途分类

按来源和用途的不同，外汇可分为贸易外汇和非贸易外汇，如表 8-1 所示。

表 8-1　外汇按来源和用途分类

| 类型 | 具体内容 |
|---|---|
| 贸易外汇 | 通过国际贸易往来所收付的外汇，是一个国家最主要的外汇来源 |
| 非贸易外汇 | 不通过国际贸易往来所收付的外汇，包括劳务外汇、捐赠外汇、侨汇（侨居在国外的本国公民或侨居在本国的外国居民汇回祖国的款项）等 |

### 2．按是否可自由兑换分类

按是否可自由兑换，外汇可分为自由外汇和记账外汇，如表 8-2 所示。

表 8-2　外汇按是否可自由兑换分类

| 类型 | 具体内容 |
|---|---|
| 自由外汇 | 在国际市场上可以自由买卖、自由兑换，在国际结算中广泛使用的外汇 |
| 记账外汇 | 国与国之间根据国际支付协定进行国际结算时，指定用作计价单位的外汇。记账外汇一般在双方政府间及指定的官方机构间使用，不能自由兑换成其他货币 |

### 3．按交易资金的实际收付时间分类

按交易资金的实际收付时间的不同，外汇可分为即期外汇和远期外汇，如表 8-3 所示。

表 8-3　外汇按交易资金的实际收付时间分类

| 类型 | 具体内容 |
|---|---|
| 即期外汇 | 又称"现汇"，是交易双方在外汇成交后的两个交易日内进行交割的外汇 |
| 远期外汇 | 又称"期汇"，是交易双方在外汇成交后，按照合同约定的日期在未来进行交割的外汇。远期外汇的交割期限一般为 1～6 个月，最短可为 1 周，最长可达 1 年 |

## 二、汇率

汇率又称"汇价"，是指两种货币之间的折算比例，或用一国货币表示的另一国货币的价格。

## （一）汇率的标价方法

### 1. 直接标价法

直接标价法又称"应付标价法"，是以一定单位的外国货币为标准，来计算应付若干单位的本国货币。在外汇市场上，包括中国在内的世界上绝大多数国家采用的都是直接标价法。

在直接标价法下，如果一定单位的外币折合的本币数额多于前期，则说明外币币值上升、本币币值下跌，即外汇汇率上升；反之，如果一定单位的外币折合的本币数额少于前期，则说明外币币值下跌、本币币值上升，即外汇汇率下跌。

### 2. 间接标价法

间接标价法又称"应收标价法"，是以一定单位的本国货币为标准，来计算应收若干单位的外国货币。在外汇市场上，欧元、英镑、澳元等采用间接标价法。

在间接标价法下，如果一定单位的本币折合的外币数额少于前期，则说明外币币值上升、本币币值下跌，即外汇汇率上升；反之，如果一定单位的本币折合的外币数额多于前期，则说明外币币值下跌、本币币值上升，即外汇汇率下跌。

### 课堂讨论

直接标价法与间接标价法的联系有哪些？

## （二）汇率的类型

### 1. 按制定方法分类

按制定方法的不同，汇率可分为基本汇率和套算汇率，如表 8-4 所示。

表 8-4　汇率按制定方法分类

| 类型 | 具体内容 |
| --- | --- |
| 基本汇率 | 又称"基础汇率"，是一国在制定汇率时在众多的外国货币中选择一种货币作为关键货币，然后根据本国货币与关键货币的实际价值，制定出本国货币对关键货币的汇率<br>关键货币一般是在一国贸易和收支中使用最多，在一国储备中所占比例最大，可以自由兑换，汇率行情稳定且被国际普遍接受的货币。目前，不少国家都把美元作为关键货币，并把对美元的汇率作为基本汇率 |
| 套算汇率 | 又称"交叉汇率"，是通过两种货币对第三种货币的汇率进行套算，得出这两种货币之间的汇率 |

### 2. 按银行买卖外汇的角度分类

按银行买卖外汇的角度的不同，汇率可分为买入汇率、卖出汇率和中间汇率，如表 8-5 所示。

表8-5　汇率按银行买卖外汇的角度分类

| 类型 | 具体内容 |
| --- | --- |
| 买入汇率 | 是银行从客户或同业手中买入外汇时所采用的汇率。在我国官方公布的外汇牌价中，银行从客户或同业手中买入外汇的价格可分为现钞买入价和现汇买入价 |
| 卖出汇率 | 又称"卖价"，是银行卖给客户或同业外汇时所采用的汇率 |
| 中间汇率 | 又称"中间价"，是买入价和卖出价的平均值。一般情况下，在电视、互联网中报告的外汇买卖价格就是中间价 |

### （三）汇率的影响因素

在浮动汇率制度下，汇率会受多种因素的影响，主要包括国际收支状况、利率水平、通货膨胀、经济增长情况、心理预期因素、政府干预、国际储备和政治局势。

#### 1. 国际收支状况

国际收支状况是影响汇率变动的最直接因素。从本质上说，其他因素对汇率变动的影响都是通过影响国际收支平衡、外汇市场供求来体现的。

一般情况下，一国国际收支逆差意味着外汇市场上外汇供不应求、本币供大于求，外币汇率上升、本币汇率下跌；反之，一国国际收支顺差意味着外汇市场上外汇供大于求、本币供不应求，外币汇率下跌、本币汇率上升。

#### 2. 利率水平

国与国之间的利率差异对汇率具有显著的影响，它通过调节国际资本流动来影响汇率的变动。一般情况下，一国利率的上升会吸引外资流入，使得本币需求增加，从而推动本币汇率上升；反之，一国利率的下降可能刺激外资流出，使得本币需求减少，从而导致本币汇率下跌。

#### 3. 通货膨胀

通货膨胀是影响汇率变动的一个长期的、根本的、有规律的因素。在国际市场一体化的情况下，较高的通货膨胀率会削弱本国商品在国际市场的竞争能力，提高外国商品在本国市场的竞争能力，从而减少出口、增加进口，使本国国际收支状况恶化，最终导致本币汇率下跌。

#### 4. 经济增长情况

经济增长会从多方面影响汇率。首先，经济增长率上升，意味着该国国民收入增加，社会需求增加，可能导致进口量增加，外汇需求增加，本币贬值，本币汇率下跌；其次，经济增长率上升，意味着生产率的提高和生产成本的降低，本国商品的国际竞争能力提高，进而导致出口增加，外汇供给增加，本币升值，本币汇率上升；最后，经济增长率上升，意味着经济增长势头较好，投资回报较好，进而刺激外国资本流入，本币汇率上升。

#### 5. 心理预期因素

投资者对未来汇率变化的预期也会影响汇率的实际变化。在外汇市场上，如果投资者预期未来某种货币的汇率要下跌，出于保值的目的，其会大量抛售该货币，从而导致该货币的供应量增加，汇率下跌；反之，如果投资者预期未来某种货币的汇率会上升，则其会大量买进该货币，导致该货币的需求量增加，汇率上升。

### 6．政府干预

为了维护汇率的稳定，政府会通过各种政策直接或间接地对汇率水平进行干预。政府干预汇率的方式主要包括以下几种：直接在外汇市场上买进或卖出外汇，调整国内货币政策和财政政策，与其他国家联合进行直接干预或通过政策协调进行间接干预。这些干预方式虽然不能从根本上改变汇率的长期趋势，但它们对汇率的短期波动仍有很大的影响。

### 7．国际储备

一国的国际储备对维持投资者对本国货币的信心具有重要作用。如果一国的国际储备较为充分，意味着政府未来干预外汇市场的能力较强，投资者对本国货币的信心较强，这有利于本币汇率稳定；反之，如果一国的国际储备不足，意味着政府未来干预外汇市场的能力较弱，投资者对本国货币的信心较弱，投资者可能抛售该国货币，这可能加剧本币汇率的波动幅度和下跌压力。

### 8．政治局势

政治局势不稳定会引发投资者对该国经济前景的担忧，从而影响本币汇率，甚至还会影响与该国有密切经济、政治联系的国家的货币汇率。

### 课堂讨论

汇率变动对我国经济有哪些影响？

## 三、外汇交易与外汇风险

### （一）外汇交易

外汇交易是指交易主体为了满足某种经济活动的需求，按照双方约定的汇率，在规定的时间，将一种货币兑换成另一种货币的行为。外汇交易的方式包括即期外汇交易、远期外汇交易、套汇交易等。

#### 1．即期外汇交易

即期外汇交易又称"现汇交易"，是指交易双方在交易当天或两个交易日内进行交割的外汇交易。

例如，东京银行与花旗银行达成买卖1 000万美元的交易，当时的汇率为1 USD=135.75 JPY。次日账户划拨时，东京银行按照约定向花旗银行在日本代理行的日元账户中转135 750万日元,花旗银行按照约定向东京银行在美国代理行的美元账户中转1 000万美元。

### 2. 远期外汇交易

远期外汇交易又称"期汇交易"，是指交易双方在签订远期外汇协议后，按照合约内容约定在未来的某个时间，按约定的币种、金额、汇率进行交割的外汇交易。远期外汇交易的期限一般为 1 个月、2 个月、3 个月和 6 个月，个别可达 1 年。远期外汇交易的目的是套期保值和外汇投机。

#### 1）套期保值

套期保值是指投资者通过同时买进或卖出现货和期货，以缩小汇率或产品价格波动风险而进行的买卖活动。

例如，5 月 12 日，中国 A 公司从美国进口价值 100 万美元的大型设备，并约定 3 个月后以美元支付。A 公司担心 3 个月后美元升值，进口成本增加，所以选择进行一笔远期外汇交易。

假设合约签订当天的即期汇率为 1 USD=6.948 1 CNY，3 个月远期合约的协议汇率为 1 USD=7.021 4 CNY，3 个月后的即期汇率为 1 USD=7.229 6 CNY。

根据已知条件，A 公司如果没有选择远期外汇交易，则 3 个月后应按照当时的即期汇率支付 100 万美元，即 722.96 万元人民币；A 公司如果选择远期外汇交易，则 3 个月后应按照远期合约的协议汇率支付 100 万美元，即 702.14 万元人民币。

也就是说，选择远期外汇交易，A 公司避免了美元升值造成的 20.82 万元人民币损失。

#### 2）外汇投机

外汇投机是指投资者利用汇率差异，通过低买高卖的方式赚取差价的行为。

例如，某日在纽约外汇市场上，英镑与美元的 1 个月远期汇率为 1 GBP=1.466 6 USD，美国某投资者预期英镑汇率会大幅上升，于是以美元购入 100 万的 1 个月远期英镑。假设该投资者预期准确，1 个月后英镑的即期汇率上涨到 1 GBP=1.566 6 USD。则该投资者 1 个月后以较高的即期利率将 100 万英镑卖出，可获得 156.66 万美元。从这一买一卖中，投资者获利 10 万美元。

### 3. 套汇交易

套汇交易是指利用不同外汇市场上的两种货币间的汇率差异，买卖外汇而获得收益的行为。套汇包括直接套汇和间接套汇。

#### 1）直接套汇

直接套汇是指投资者利用同一货币在两个外汇市场上的汇率差异，同时在这两个外汇市场上遵循低买高卖原则，以获得价差收益的行为。

例如，某日在纽约外汇市场上，美元与欧元之间的汇率为 1 USD=1.150 0 EUR，而当日在法兰克福外汇市场上，欧元与美元之间的汇率为 1 EUR=0.950 0 USD。将当日法兰克福外汇市场上欧元与美元之间的汇率以欧元的直接标价法表示，即可得到 1 USD≈1.052 63 EUR。由此可以发现，当日纽约外汇市场上美元兑换欧元的价格较高，存在套汇机会。假设投资者拥有 100 万美元，他当日可以进行以下操作：先在纽约外汇市场上将 100 万美元兑换成 115 万欧元，然后将 115 万欧元在法兰克福外汇市场上兑换成 109.250 0 万美元。扣除原本投资的 100 万美元，投资者最终获利 9.250 0 万美元。

### 2）间接套汇

间接套汇是指投资者利用不同外汇市场上同一货币的汇率差异，同时在三个外汇市场上遵循低买高卖原则，以获得价差收益的行为。

一般情况下，想要判断三个外汇市场上是否存在套汇机会，投资者应先将三种货币在三个不同外汇市场上的汇率变成同一种标价方法（都是直接标价法或都是间接标价法），然后将各个汇率相乘。如果乘积为 1，则不存在套汇机会；如果乘积不为 1，则存在套汇机会。

例如，某日在纽约外汇市场上，美元与欧元之间的汇率为 1 USD=1.150 0 EUR；当日在伦敦外汇市场上，英镑与美元之间的汇率为 1 GBP=1.412 0 USD；当日在法兰克福外汇市场上，欧元与英镑之间的汇率为 1 EUR=0.500 0 GBP。根据已知条件，在三个外汇市场上，汇率都采用间接标价法，投资者可以将它们直接相乘，乘积为 0.811 9，结果不为 1，故存在套汇机会。

假设投资者拥有 100 万美元，他当日可以进行以下操作：先在伦敦外汇市场上将 100 万美元兑换成约 70.821 5 万英镑，然后将 70.821 5 万英镑在法兰克福外汇市场上兑换成 141.643 1 万欧元，最后将 141.643 1 万欧元在纽约外汇市场上兑换成 123.167 9 万美元。扣除原本投资的 100 万美元，投资者最终获利 23.167 9 万美元。

---

### 📋 财经术语

> CNY 是人民币的缩写，USD 是美元的缩写，JPY 是日元的缩写，GBP 是英镑的缩写，EUR 是欧元的缩写。

## （二）外汇风险

投资者面临的外汇风险主要包括汇率波动风险和杠杆风险。

### 1. 汇率波动风险

汇率波动风险是外汇市场中最常见的风险，它直接关系到投资者的资产安全和预期收益。

**外汇波动引发墨西哥金融危机**

例如，投资者预期某种货币会升值并购买了该货币，但随后汇率朝着不利的方向变动，使该货币贬值，那么投资者会遭受损失。同样，投资者预期某种货币会贬值并卖出了手中持有的该货币，但随后汇率朝着不利的方向变动，使该货币升值，那么投资者也会遭受损失。

为应对汇率波动风险，投资者可以采取一系列的风险管理措施。例如，通过多元化投资来分散风险，避免将所有资金都投入某一种或几种货币中；使用外汇衍生品，如远期合约、期货合约、期权合约等来锁定汇率，降低潜在风险；根据市场情况灵活调整投资策略，以适应汇率的波动。

## 2. 杠杆风险

杠杆风险是指在外汇交易中，投资者通过借入资金（加杠杆）来增加交易规模，从而产生的潜在风险。如果市场走势与投资者的预期相反，杠杆会成倍地增加投资者的损失。

为降低杠杆风险，投资者可以采取一系列的风险管理措施。例如，根据自身的风险承受能力和交易经验控制杠杆比例，避免过度杠杆化带来无法承受的损失；设置合理的止损点，以限制潜在损失；分散投资，降低单一交易的风险；定期评估和调整投资策略，以适应市场变化。

## 任务拓展

投资者要想避免外汇风险，应准确预测汇率走势。两人一组，根据外汇市场的新闻动态，选择某一重要事件（如中国人民银行的利率决策、贸易协议签订等）进行深入分析，说明该事件对汇率可能产生的影响，并预测汇率的后续走势。

# 任务三　期　货

## 任务导入

### 老赵的大豆期货投资经历

某日，老赵注意到大豆期货市场可能存在盈利机会。在初步研究后，他决定投入一部分资金购买大豆期货，期望从中获利。然而，老赵很快发现，期货投资远比他想象的要复杂。尽管他拥有丰富的投资经验，也难以准确预测大豆期货的价格走向。

在一次交易中，老赵误判了市场走势，导致持仓期货被套牢。为了解套，他不得不追加资金，但大豆期货的价格持续走低，最终老赵遭受了重大损失。

这次经历让老赵深刻认识到，期货市场虽然存在盈利机会，但同样隐藏着巨大的风险。投资者必须时刻保持警惕，做好风险管理。

思考：该案例给期货投资者带来哪些启示？

## 一、期货的类型

期货是指交易双方按约定的条件在未来某个日期交割一定数量和质量的商品，主要包括商品期货和金融期货。

### （一）商品期货

商品期货是指标的物为实物商品的期货合约，包括农产品期货、金属期货和能源期货。

#### 1．农产品期货

农产品期货包括粮食期货、经济作物类期货、畜产品期货和林产品期货。

粮食期货主要有小麦期货、玉米期货、大豆期货、豆粕期货、红豆期货、大米期货、花生仁期货等；经济作物类期货主要有原糖期货、咖啡期货、可可期货、橙汁期货、棕榈油期货、菜籽期货等；畜产品期货主要有肉类制品期货和皮毛制品期货；林产品期货主要有木材期货、苹果期货等。

#### 2．金属期货

金属期货的标的物包括基本金属和贵金属。基本金属有铜、铝、锡、铅、锌、镍等，贵金属有黄金、白银、铂金、钯金等。

#### 3．能源期货

能源期货是指以原油、燃料油、煤炭、天然气等能源为标的物的期货合约。其中，原油期货是世界上交易量较大的期货品种之一。

### （二）金融期货

金融期货是指标的物为金融工具的期货合约，包括外汇期货、利率期货和股指期货。

#### 1．外汇期货

外汇期货是指以外汇为标的物的期货合约。外汇期货交易是在期货交易所内进行的，并通过公开竞价的方式来确定价格，具有交易规模大、参与者众多、交易时间长、价格波动大等特点。

#### 2．利率期货

利率期货是指以利率为标的物的期货合约。利率期货具有套期保值功能强大、报价机制灵活、价格与市场利率反向变动、主要采用现金交割等特点。

（1）套期保值功能强大。利率期货允许投资者在期货市场上采取与现货市场相反的交易策略，以此来对冲因利率变动可能带来的风险。

（2）报价机制灵活。利率期货的报价机制比较灵活，能够迅速捕捉并反映市场对未来利率变动的预期。这种灵活性使得投资者可以根据市场状况和个人需求，灵活调整交易策略和仓位，以更好地实现投资目标。

（3）价格与市场利率反向波动。利率期货的价格与市场利率之间存在着紧密而明确的反向变动关系。当市场利率上升时，期货价格通常会下降；反之，当市场利率下降时，期货价格则会上升。这种反向波动关系为投资者提供了清晰的市场信号和交易机会。

（4）主要采用现金交割。在交割日，交易双方不是通过交付标的物来完成交易，而是根据期货合约的结算价格与约定的交割价格之间的差额，以现金的形式进行交割。这种交割方式简化了交易流程，降低了交易成本，提高了市场效率。

### 3．股指期货

股指期货的全称是"股票价格指数期货"，是指以股票价格指数为标的物的期货合约，如上证 50 股指期货、沪深 300 股指期货。对于股指期货，交易双方约定在未来的某个特定日期，按照事先确定的股票价格指数进行买卖，并通过现金结算差价进行交割。

**股指期货**

股指期货的特点包括跨期性、联动性、高风险性和风险多样性。

（1）跨期性。股指期货是交易双方通过对股票指数变动趋势的预测，约定在未来某一时间按照一定条件进行交易的合约。

（2）联动性。股票价格指数是股指期货的标的物，对股指期货价格具有很大的影响。

（3）高风险性和风险多样性。股指期货的杠杆性决定了它的高风险性。同时，股指期货还存在着特定的市场风险、操作风险、现金流风险等多种风险。

## 二、期货的风险

### （一）经纪委托风险

经纪委托风险是指投资者在与期货经纪公司确立委托的过程中产生的风险。投资者在选择期货经纪公司时，应对比不同期货经纪公司的资信、规模、经营状况等，选择合适的期货经纪公司。

### （二）流动性风险

流动性风险是指由于期货市场流动性差，难以使投资者迅速、及时地成交所产生的风险。这种风险在投资者建仓与平仓时表现得尤为突出。例如，投资者难以在理想的时机和价位入市建仓，不能按照预期建立最佳套期保值组合；在期货价格呈连续单边走势（持续上涨或持续下跌）、临近交割时，不能及时平仓，导致其收益减少或遭受惨重损失。

因此，投资者进入期货市场前，要学会研究市场趋势、资金流向、多空双方的主力构成；在选择期货合约时，应优先考虑那些交易活跃、流动性较好的期货合约，在低成本条件下快速进场和出场。

### 📋 财经术语

多空双方即多头方和空头方。多头方又称"多方"，是指在金融市场中预计资产（如股票、期货等）价格会上涨的投资者。他们采取的策略是在价格较低时买入资产，待价格上涨再卖出，从而赚取价差收益。空头方又称"空方"，是指在金融市场中预计资产价格会下跌的投资者。他们采取的策略是在价格较高时卖出资产，待价格下跌再买入，从而赚取价差收益。

### （三）市场风险

市场风险是指投资者在期货交易中，由于市场价格的波动而遭遇的风险。由于期货交易采用保证金制度，具有杠杆效应，投资者面临的市场风险较大。

因此，投资者在期货交易前要做好市场研究和风险评估，合理分配投资资金；在交易过程中，要设置好止损点和止盈点。

### （四）强行平仓风险

强行平仓风险是指投资者因某种原因被强制卖出期货，从而错失盈利机会的一种风险。当期货价格波动较大、保证金不足时，投资者可能面临强行平仓风险。

因此，投资者在交易过程中，要时刻注意自己的资金状况，在期货交易所发出追加保证金通知后及时追加保证金，防止由于保证金不足，造成强行平仓，给自己带来重大损失。

### （五）交割风险

交割风险是指在期货合约到期时，不同原因造成的无法顺利完成交割的风险。这种风险可能源于交易双方的信用、货源问题等。例如，当铜期货合约到期时，铜价突然大幅下跌，多头方可能面临巨大损失，从而不愿意向空头方交割。又如，受气温的影响，一方无法按时保质保量的交付货物，导致交易双方无法交割。

因此，投资者在期货交易前要选择信誉良好的期货经纪商（连接投资者与期货市场的桥梁，为投资者提供交易通道、风险管理、信息咨询等服务）。

**课堂讨论**

　　结合"任务导入"的案例，分析老赵面临的期货风险。

## 三、期货的投资方式

### （一）稳健型投资

稳健型投资包括跨市套利、跨月套利、跨品种套利等套利交易。

#### 1. 跨市套利

跨市套利是指投资者利用不同期货交易所或不同市场之间的价格差异进行套利的行为。进行跨市套利时，投资者可以在价格较低的市场买入期货合约，然后在价格较高的市场卖出相同数量的期货合约，待两个市场间的价差恢复到投资者认为的合理水平时，平仓获利。跨市套利需要投资者关注不同市场的交易规则、税收政策等因素，以确保套利操作的顺利进行。

## 2. 跨月套利

跨月套利是指投资者在同一期货交易所，同时买入和卖出同一品种不同月份的期货合约的行为。跨月套利有助于投资者在不同时间维度上分散风险，并利用价格差异获取收益。

在实际操作中，不同到期月份的期货合约价格受市场供需、季节性因素的影响，可能会出现差异。因此，投资者可以根据市场情况，买入价格较低的近月合约（离交割时间较近的期货合约），卖出价格较高的远月合约；或者卖出价格较高的近月合约，买入价格较低的远月合约。

## 3. 跨品种套利

跨品种套利是指投资者利用两种或多种相互关联的商品之间的合约价格差异进行套利的行为。当两种商品具有较强的相关性时（如小麦和玉米、大豆和豆粕、焦煤和焦炭），其价格可能存在相似的变动关系，且这两种合约之间的价差会维持在正常水平上。若市场出现变化，这两种合约之间的价差可能会偏离正常水平。此时，投资者可以买入被低估的合约，同时卖出被高估的合约，以期在价差回归到正常水平时获得利润。

### （二）风险型投资

风险型投资是指投资者在期货市场上进行单边买卖交易的行为。其前提是投资者愿意承担较高的风险以追求更高的收益。

风险型投资的形式多样，如抢帽子交易、当日短线交易等。抢帽子交易的特点是利用市场的微小波动进行快速交易，有利即交易，频繁换手买卖；当日短线交易的特点是当日内了结头寸，不留仓到第二个交易日，强调对市场短期走势的把握。

风险型投资需要投资者对市场走势有敏锐的洞察力和快速的反应能力，以便在市场波动中捕捉盈利机会。

### （三）战略型投资

战略型投资是指投资者在研究完某一商品的周期性趋势后，根据价格周期变化的规律进行的长期投资。进行战略型投资时，投资者不在乎一时或短期的投资得失，其目的是获取长期利润。

一般情况下，投资者会在期货价格处于低位时买入，并在一个方向投资几年，不断移仓换月。这种投资方式需要投资者具备专业的市场研究能力和长远的投资目光。

### 📋 财经术语

移仓换月是指投资者将手中临近交割月的期货合约平仓，再买卖成交较活跃月份的期货合约，建立新的期货合约头寸。

## 任务拓展

　　两人一组，利用互联网查找资料，搜集一些期货投资成功和失败的案例，并对其进行分析。

# 任务四　信　托

## 任务导入

### 信托与财富传承

　　随着年岁的增长，钱某开始考虑如何妥善管理和传承其财富，确保其子孙在未来能够过上稳定的生活。在朋友的推荐下，他了解到信托这一金融工具。经过深思熟虑，钱某决定设立家族信托，确保财富稳妥地传承给后代。

　　思考：什么是信托？它有哪些优势？

## 一、信托的特点

　　信托是指接受他人委托，经营代办业务的活动。一般情况下，信托具有以下特点。

　　（1）信用是信托的基石，信托的前提是委托人对受托人的信任。信任包括以下两个方面：一方面是对受托人道德品质的信任，另一方面是对信托人承托能力的信任。

　　（2）信托成立的基础是信托财产及财产权的转移。简单来说，信托是以信托财产为中心的法律关系，委托人设立信托需要将财产权转移给受托人。这是信托制度与其他财产制度的根本区别。

　　（3）信托关系有委托人、受托人、受益人三方，三方的权利和义务都有明确的规定。委托人将财产委托给受托人后，对信托财产就失去了直接控制权；受托人一般是信托公司，完全是以自己的名义管理信托财产。受托人管理信托财产是为了受益人的利益，且需要按照信托合同中的规定进行管理。

## 二、信托的优势与风险

### （一）信托的优势

#### 1. 风险隔离与资产保护

信托的核心优势之一是风险隔离。信托财产独立于委托人的自有财产，不受委托人破产清算程序的影响。这意味着即使委托人面临财务困境，信托财产也能得到保护，从而避免被清算或用于偿还债务。此外，信托财产还受到法律的严格保护，可以有效防止被非法侵占或挪用。

#### 2. 专业管理与投资多元化

信托财产由受托人来管理。受托人一般具有丰富的投资经验，掌握专业的理财策略，善于捕捉市场机会，可以将信托财产投资于股票、债券、房地产等多种资产，实现投资的多元化，从而降低单一资产带来的风险。

#### 3. 灵活性与个性化

信托产品具有高度的灵活性，可以根据委托人的需求量身定制。无论是期限、收益还是风险水平，受托人都可以根据委托人的偏好进行设定。此外，受托人还可以为委托人提供个性化的信托产品，如家族财富传承规划、税务筹划等。

#### 4. 税收优惠与隐私保护

在一些国家和地区，设立信托可以享受税收优惠政策，如免税或减税，这对于降低委托人的税收负担具有重要意义。

此外，设立信托时，委托人和受托人之间通常会签订一份保密委托书，用以保护个人隐私和商业秘密，防止信息泄露给未经授权的第三方。

### （二）信托的风险

投资者（委托人）购买信托产品面临的风险主要包括信用风险、政策风险和市场风险。

（1）信用风险。信用风险是因信托公司不愿或无力履行合同而构成违约，致使投资者无法取得信托收益，甚至遭受信托财产损失的风险。它是投资者购买信托产品面临的主要风险。

（2）政策风险。政策风险通常是指国家政策和法律法规的变动，对信托产品的合法性、运营环境或收益产生不利影响，进而可能损害投资者利益的风险。

（3）市场风险。市场风险是指市场波动导致投资者持有的信托产品价值下降，遭受本金损失的风险。

为了降低这些风险，投资者在购买信托产品时应充分了解信托公司的信誉、规模和管理能力，以及信托产品的风险特性和投资方向。同时，投资者还需要关注国家政策和法律法规的变动，以及这些变动可能对信托产品产生的影响。

**课堂讨论**

信托和基金有哪些联系与区别？

## 三、信托的购买流程

### （一）确认自己属于合格投资者

只有合格投资者才能购买信托产品。合格投资者是指具备相应风险识别能力和风险承担能力，投资于单只资产管理产品不低于一定金额且符合下列条件的自然人、法人或者其他组织。

（1）具有 2 年以上的投资经历，且符合以下条件之一：家庭金融净资产不低于 300 万元，家庭金融资产不低于 500 万元，近 3 年本人年均收入不低于 40 万元。

（2）最近 1 年末净资产不低于 1 000 万元的法人单位。

（3）金融管理部门视为合格投资者的其他情形。

在实际生活中，具体的合格投资者标准可能会因地区、监管机构及信托产品的不同而有所差异。

### （二）挑选信托产品

投资者应当结合自身的理财目标和资产状况，综合考虑信托产品的投资方向、预期收益水平、投资期限等，挑选适合自己的信托产品。

投资者在选择信托产品时，可以到中国信托登记有限责任公司（以下简称"中信登"）官网核实信托产品的真实性。中信登作为信托行业的登记机构，主要负责信托产品的登记和公示工作。投资者通过中信登官网，利用预登记查询和信托产品展示中心查询等功能，可以了解已经登记的信托产品的详细信息，包括产品编码、产品名称、发行机构等。

### （三）支付认购款项

投资者在挑选信托产品后的正常流程应该是先签合同，完成双录（录音、录像），再支付款项。但在实际操作中，一些投资者为抢占认购份额，经常会先支付款项再签合同。

在支付款项时，投资者需要注意信托公司的两类账户，即募集账户和保管账户。募集账户主要用于接收投资者的资金，是信托产品募集资金的入口。当一个信托产品募集结束之后，信托资金会自动转到保管账户。保管账户主要用于存放和管理已募集到的信托资金，确保信托资金的安全性和独立性。

## （四）签署合同

在签署合同的过程中，信托公司会进行录音和录像，并对投资者的身份进行确认，明确投资者购买信托产品的金额、预期收益率等信息。其目的是保护投资者的合法权益，防范误导或违规销售金融产品。

此外，投资者签署合同时也会附带签署其他相关文件，如风险声明书、资金合法取得承诺书、信息调查表。这些文件的签署进一步保护了投资者的合法权益，降低了交易风险。

## （五）等待信托计划成立

完成以上步骤后，信托即认购成功，但投资者还应等待信托计划成立。当信托产品募集额度超出预计规模时，信托公司将按照"金额优先、时间优先"的原则分配认购份额，并通知未认购成功的投资者办理退款手续。

## （六）接收认购确认书

信托计划成立后，信托公司会在官网发布公告，同时出具《信托份额确认书》并交给投资者。《信托份额确认书》通常包含投资者的基本信息、信托产品的详细信息、投资者所持有的份额数量和价值、确认日期等重要内容。一般情况下，该确认书应由信托公司的授权人签字并盖章，以确保其有效性和可信度。

### 任务拓展

两人一组，选择典型的信托案例进行分析，包括信托的设立背景、运作过程、收益情况等，并探讨案例中信托起到的作用和效果。

# 项目考核

## 一、单选题

1. 黄金投资的优势不包括（　　）。

    A．对抗通货膨胀         B．规避风险

    C．流通性强           D．税收优惠

2. 在间接标价法下，如果一定单位的本币折合的外币数额少于前期，则说明外币币值（　　）、本币币值（　　），即外汇汇率（　　）。

    A．上升　下跌　上升       B．上升　下跌　下跌

    C．下跌　上升　下跌       D．下跌　上升　上升

3.（　　）是指交易双方在交易当天或两个交易日内进行交割的外汇交易。

A．即期外汇交易 　　　　　　　　B．套汇交易

C．掉期交易 　　　　　　　　　　D．远期外汇交易

4．下列选项中，不属于金融期货的是（　　）。

A．利率期货 　　　　　　　　　　B．股指期货

C．外汇期货 　　　　　　　　　　D．金属期货

5．（　　）是因信托公司不愿或无力履行合同而构成违约，致使投资者无法取得信托收益，甚至遭受信托财产损失的风险。

A．信用风险 　　　　　　　　　　B．政策风险

C．利率风险 　　　　　　　　　　D．市场风险

## 二、多选题

1．黄金投资的方式包括（　　）。

A．实物黄金 　　　　　　　　　　B．纸黄金

C．黄金期货 　　　　　　　　　　D．黄金期权

2．影响汇率变动的因素包括（　　）。

A．利率水平 　　　　　　　　　　B．国际收支状况

C．通货膨胀 　　　　　　　　　　D．国际储备

3．下列选项中，说法正确的是（　　）。

A．记账外汇可以自由兑换成其他货币

B．一般情况下，一国国际收支逆差意味着外汇市场上外汇供不应求、本币供大于求，外币汇率上升、本币汇率下跌

C．中国采用的是间接标价法

D．一般情况下，一国利率的上升会吸引外资流入，使得本币需求增加，从而推动本币汇率上升

4．利率期货的特点包括（　　）。

A．套期保值功能强大 　　　　　　B．报价机制灵活

C．价格与市场利率同向变动 　　　　D．主要采用现金交割

5．信托的优势包括（　　）。

A．风险隔离 　　　　　　　　　　B．资产保护

C．专业管理 　　　　　　　　　　D．隐私保护

## 三、简答题

1．简述黄金投资的优势。

2．简述汇率的标价方法。

3．简述期货的类型。

4．简述信托的购买流程。

# 项目综合评价

指导教师可以根据学生的课堂表现、任务拓展的完成情况、项目考核情况对其进行评价。学生配合指导教师共同完成项目综合评价表（见表8-6）。

表8-6　项目综合评价表

| 班级 | | 组号 | | 日期 | | |
|---|---|---|---|---|---|---|
| 姓名 | | 学号 | | 指导教师 | | |
| 学习成果 | | | | | | |
| 评价维度 | 评价指标 | 评价标准 | | | 分值 | 评价分数 |
| | | | | | | 自评 | 师评 |
| 素养评价（20分） | 学习态度 | 刻苦认真，勇于钻研 | | | 5 | | |
| | 纪律意识 | 遵守课堂纪律，认真完成作业 | | | 5 | | |
| | 互动意识 | 积极发言，完成课堂互动 | | | 5 | | |
| | 团队精神 | 尊师爱友，积极合作，团结奋进 | | | 5 | | |
| 知识评价（20分） | 基础知识 | 掌握黄金投资的优势和方式 | | | 3 | | |
| | | 了解外汇的特点和类型 | | | 3 | | |
| | | 掌握汇率的标价方法、类型和影响因素 | | | 3 | | |
| | | 熟悉外汇交易的方式和外汇风险 | | | 3 | | |
| | | 掌握期货的类型、风险和投资方式 | | | 4 | | |
| | | 熟悉信托的特点、优势、风险和购买流程 | | | 4 | | |
| 能力评价（20分） | 财富管理能力 | 能够平衡投资的风险与收益 | | | 10 | | |
| | 分析能力 | 能够深入分析各类资产的价格变动规律 | | | 10 | | |
| 成果评价（40分） | 任务拓展 | 能够全面、准确地分析不同黄金投资方式的风险和收益，并制定合适的黄金投资策略 | | | 8 | | |
| | | 能够全面、准确地分析特定事件对汇率的影响，并预测汇率的后续走势 | | | 8 | | |
| | | 能够全面、准确地分析期货投资案例 | | | 8 | | |
| | | 能够全面、准确地分析信托案例 | | | 8 | | |
| | 项目考核 | 能够迅速、准确地完成相应习题 | | | 8 | | |
| 合计 | | | | | 100 | | |
| 总评 | 自评（30%）+师评（70%）= | | | | 教师（签名）： | | |

# 项目九
# 互联网金融

## 📈 项目导读

　　随着互联网技术的发展和应用，互联网逐渐与金融行业深度融合，以第三方支付、网络借贷、众筹等为代表的新型金融业态不断出现，互联网金融被越来越多的人所熟悉。通过学习互联网金融的相关知识，学生不仅可以拓宽视野，了解金融行业的最新动态和趋势，还可以增强创新意识，开发具有竞争力的互联网金融产品或服务。本项目主要介绍了互联网金融概述、互联网金融风险与监管。

## 🕐 学习目标

### 知识目标

（1）了解互联网金融的产生。

（2）掌握互联网金融的特点和业态。

（3）熟悉互联网金融风险的类型和特点。

（4）熟悉互联网金融监管现状、存在的问题及对策。

### 能力目标

（1）能够区分互联网金融与传统金融。

（2）能够辨析互联网金融的业态。

### 素养目标

（1）树立互联网金融风险意识，探索防范风险的措施。

（2）强化支付安全意识，为建设平安中国添砖加瓦。

## 🏛 法策之窗

　　《关于促进互联网金融健康发展的指导意见》《网络借贷信息中介机构业务活动管理暂行办法》是多部门为维护互联网金融稳定、提高互联网金融效率而制定的指导文件和重要法规。

　　扫一扫右边的二维码，了解与本项目相关的政策文件。

项目九相关的政策文件

# 任务一　互联网金融概述

任务导入

## 便民服务"新窗口"

为方便参保用户缴纳城乡居民基本医疗保险（以下简称"医保"）费用，全国各省医疗保障局、省财政厅、省税务局联合第三方支付平台开通医保缴费服务。

参保用户打开第三方支付平台，在"市民中心"页面找到"社保缴费"入口，然后根据其在第三方支付平台的实名认证信息查询相应的社会保障卡卡号和应缴金额，核对无误后，单击"缴费"按钮即可完成缴费，整个过程只需要几分钟。

思考：什么是第三方支付？第三方支付的流程是怎样的？

## 一、互联网金融的产生

互联网金融是传统金融机构与互联网企业利用互联网技术和信息通信技术，实现资金融通、支付和信息中介服务等业务的新兴金融形态。由此可以看出，互联网金融的主体既包括互联网企业，也包括传统金融机构，如银行、证券公司等。

互联网金融的产生是各种原因共同作用的结果，具体表现在以下几个方面。

### （一）经济发展与人均 GDP 增加

随着经济的发展，人均 GDP 水平不断提高，人们的可支配收入增多，对金融服务的需求也日益多元化。传统的金融服务，如储蓄、贷款、支付等，已经无法满足人民日益增长的金融需求。人们开始追求更加便捷、高效、个性化的金融服务，希望在任何时间、任何地点都能够轻松管理自己的资产。互联网金融的兴起正好满足了这一市场需求。

### （二）小微企业的融资需求增长

小微企业作为市场经济的活力源泉和创新引擎，在国民经济中占据着举足轻重的地位。随着市场竞争的加剧和企业间交易的日益频繁，小微企业对资金融通的便捷性需求也愈发迫切。

然而，传统金融机构为追求规模经济性，总是将有限的资源集中在利润贡献率较高的客户群体和业务领域。相对于大中型企业，小微企业在寻求银行贷款、小额理财等金融服务时，面临的门槛较高。互联网金融的兴起为小微企业提供了新的融资渠道，满足了其需求。

## 财经术语

利润贡献率是指有用成果数量（通常是销售收入或利润）与资源消耗量和占用量（通常是成本或投入）之比，即产出量与投入量之比，或所得量与所费量之比。利润贡献率是评估企业资源利用效率、盈利能力的重要指标。

### （三）互联网技术的快速发展

互联网技术的快速发展为互联网金融提供了有力的技术支持。特别是大数据、云计算等技术的应用，使得互联网金融能够更好地处理海量数据，提高业务处理效率，降低运营成本，为个人和企业提供更加高效、便捷的金融服务。

### （四）手机普及率的提升与网民数量的持续增长

随着科技的飞速进步和社会信息化程度的加深，手机已经成为人们日常生活中不可或缺的一部分。与此同时，互联网的普及率也在逐年攀升，网民数量呈爆炸式增长。这种趋势为互联网金融的发展奠定了庞大的用户基础。

### （五）电子商务的发展

随着互联网的普及和购物习惯的改变，越来越多的消费者选择在线购物、在线支付等电子商务活动。这些活动不仅改变了传统商业模式，也对金融服务提出了新的要求。

如何配合电子商务的在线便捷交易，并且在妥善安排交易资金流转的同时保障交易双方的利益，成为传统电子商务发展的重点。在这样的环境下，市场迫使新的金融形态出现，以推动电子商务的发展与创新。这个新的金融形态就是以第三方支付为代表的互联网金融。

## 课堂讨论

分析互联网金融与传统金融的区别。

## 二、互联网金融的特点

### （一）虚拟性

从本质上说，金融市场是信息市场，也是虚拟市场。在这个市场中，信息是其核心的生产要素和流通要素，如金融机构提供的中介服务、咨询服务等均依赖于信息。网络技术的引进，不仅强化了金融业的信息特征，而且虚拟化了金融业的实际运作，如经营地点虚拟化、经营业务虚拟化、经营过程虚拟化等。

### （二）风险性

互联网不是绝对安全的。网络病毒和恶意软件的肆意传播可能造成交易失败，互联网诈骗可能造成客户资金被盗。这些现象均表明互联网金融面临的风险要比传统金融高得多。

### （三）普惠性

互联网金融通过线上渠道和数字化技术，打破了传统金融服务的地域限制，使得金融服务能够覆盖到更广泛的群体，尤其是偏远地区、农村地区和小微企业等传统金融服务难以触及的群体。

### （四）经济性

互联网金融的经济性主要体现在以下几个方面：① 互联网金融利用大数据、云计算等技术，自行完成信息甄别、匹配和交易，降低资金供求双方的交易成本。② 互联网金融通过线上渠道和自动化流程，减少了传统金融机构对大量线下网点和人工服务的依赖，从而大大降低了人力、物力、时间等运营成本。

### （五）跨界经营

与互联网金融相关的跨界经营活动主要体现在以下几个方面：① 电商平台不断向金融领域延伸。例如，不同支付工具作为电商平台的配套设施蓬勃兴起，电商平台提供信用评级、生活缴费、信用卡还款等个人金融服务。② 金融机构向商业反向跨界，银行、证券公司、保险公司等金融机构之间相互跨界。例如，大量商业银行开始自建商务网站，销售实物商品和金融产品；证券公司、基金公司跨界开展支付、网络贷款、财富管理等业务，以提供一站式综合服务。

## 三、互联网金融的业态

### （一）第三方支付

第三方支付是指非金融机构作为收、付款人的支付中介，通过与银联或网联对接而促成交易的网络支付模式。第三方支付平台并不涉及资金的所有权，而只是起到资金中转作用。第三方支付平台的快速发展，给传统银行业带来了巨大的影响，同时也深刻地改变着人们的生活和工作方式。

在我国，第三方支付业务主要由中国人民银行负责监管。中国人民银行明确指出，第三方支付平台与其他机构开展合作时，一要清晰界定各方的权利和义务，建立有效的风险隔离机制和客户权益保障机制；二要向客户充分披露服务信息，清晰地提示业务风险，不得夸大支付服务中介的性质和职能。

## 财经术语

银联，即中国银联股份有限公司，是经国务院同意，中国人民银行批准设立的中国银行卡联合组织。网联，即非银行支付机构网络支付清算平台，是一个由中国人民银行领导成立的支付清算机构。

### （二）网络借贷

网络借贷是指借贷双方利用网络借贷平台（以下简称"网贷平台"）实现资金借贷的在线交易，具有门槛低、额度低、交易速度快、还款灵活的特点。网络借贷作为一种新型的民间借贷方式，改变了传统的金融供给结构，缓解了中小微企业和个人贷款难的问题。

自网络借贷进入中国以来，许多金融机构、互联网企业等纷纷涉足这一领域，促进了网络借贷的快速发展。但随着越来越多网贷平台的出现，一些乱象也逐渐浮出水面，严重影响了金融秩序的稳定，进而对社会造成恶劣影响。因此，金融监管部门陆续出台了多项监管政策，对网络借贷进行合规整改。

## 财经视野

### 网络借贷的类型

网络借贷包括个体网络借贷（即 P2P 网络借贷）和网络小额贷款。个体网络借贷是指个体和个体之间通过网贷平台实现的直接借贷。目前，我国的 P2P 网贷平台已全部停止运营。网络小额贷款是指互联网企业通过其控制的小额贷款公司，利用互联网向客户提供的小额贷款。

### （三）众筹

众筹是指通过互联网进行资金的募集以使相关项目得以顺利实施的商业策略。众筹按回报方式可分为以下几类：① 奖励众筹，投资者获得一些产品或服务作为回报。② 债务众筹，投资者可以收回本金和利息。③ 股权众筹，投资者按出资金额获得相应的股权。

众筹能够吸收社会上闲散的小额资金，为个人或组织提供资金支持。然而，众筹在快速发展的同时，也会面临定位不清晰、监管不到位等问题，需要金融监管部门采取一系列措施加以应对。

### （四）互联网基金

互联网基金是指在互联网平台上销售的基金。基金与互联网技术的结合改变了传统基金的销售模式和销售渠道，方便投资者通过互联网完成基金交易。此外，互联网基金产品打破了传统基金服务的界限，使得基金服务对象不再局限于银行的高净值客户。

然而，互联网基金给金融风险防范提出了新的要求。一方面互联网基金的风险较为复杂，另一方面互联网基金风险的传播速度快、影响范围广。因此，金融监管部门需要不断创新监管手段与方法来应对互联网基金带来的风险。

### 财经术语

高净值客户一般指个人金融资产和投资性房产等资产总值较高的人群。

### （五）互联网保险

互联网保险是指在互联网平台上销售的保险。这种保险形式实现了保险信息咨询、保险计划书设计、投保、交费、核保、承保、保单信息查询、保全变更、续期交费、理赔和给付等保险全过程的网络化。

作为一种新兴的保险形式，互联网保险具有便捷性、个性化、多样化和智能化的特点。但是，互联网保险存在一些潜在的风险和挑战，如网络安全问题可能对客户的个人信息和资金安全构成威胁。因此，保险公司需要加强网络安全防护，金融监管机构需要完善监管措施，以确保市场的安全、公平、透明、合规。

### （六）互联网信托

互联网信托是一种新型的金融模式，它将传统信托服务与互联网技术相结合，实现了信托业务的数字化和在线化。这种模式的出现，不仅提高了信托业务的处理效率和便捷性，还降低了运营成本，为投资者提供了更加灵活和多样化的选择。

互联网信托的核心理念在于通过互联网平台实现个人和企业之间的投融资，基于专业金融服务公司的经验和高于金融行业的风控体系，对融资者进行线下信息核实、资产抵押和质押、信用评级等，以确保投资者的资金安全。

### （七）互联网消费金融

互联网消费金融是将传统的消费金融线上化，通过"线下+线上"的方式为个人或家庭提供以消费为目的的贷款，它是传统消费金融在互联网金融大背景下的实践创新。

互联网消费金融

一般情况下，互联网消费金融是以满足个人或家庭对住房和汽车之外的其他商品和服务的消费需求为目的，具有单笔授信额度低、服务方式灵活、贷款期限短（一般在1～12个月）等特点。其本质是提前满足有购物需求但短期无法全额付款的消费者的需求。

### 课堂讨论

你使用过哪些互联网金融产品？请简述你在使用过程中的体验。

## 任务拓展

两人一组，选择一个第三方支付平台，通过查找相关资料，了解其概况、发展历程、商业模式等内容，整理和总结所搜集的资料。

# 任务二　互联网金融风险与监管

## 任务导入

### 监管部门动态监测，拦截金融风险

某互联网理财平台推出一款"智能灵活申赎"的理财产品，以"低门槛、高流动性"的标语吸引投资者。产品上线前，监管部门通过动态监测发现其存在申赎规则不透明、风险准备金覆盖率不足等问题，随即要求该平台补充信息披露并调整产品设计。经整改后，该产品明确标注"收益随市场波动"的风险提示，并增设投资者冷静期功能，最终以更合规的形态服务市场。

**思考：** 互联网金融存在哪些风险？

## 一、互联网金融风险

### （一）互联网金融风险的类型

互联网金融风险是指互联网金融机构在经营过程中，各类因素导致的财产、信誉等遭受损失的可能性。互联网金融风险主要包括信用风险、法律和政策风险、网络安全风险、操作风险、市场风险、流动性风险等。

#### 1. 信用风险

信用风险又称"违约风险"，是指交易一方因外部因素的影响或自身因素的变化，在到期日未能履行合同义务而导致另一方遭受经济损失的风险。与传统金融相比，互联网金融的市场交易主体对彼此的了解程度较低，这导致信用风险爆发的概率和影响程度都有所增加。一般情况下，互联网金融的信用风险主要体现在以下两个方面。

##### 1）过度宽松的审核标准导致的信用风险

为了吸引更多的客户，一些互联网金融机构放宽信用审核标准，对客户的身份信息审核不严，甚至在没有充分评估客户还款能力的情况下就发放信用贷款。这种"无抵押、无担保"的贷款模式虽然看似便捷，但导致坏账不断累积，信用风险爆发的概率和危害性大大增加。

### 2）信息不对称导致的信用风险

一般情况下，互联网金融机构对自身的产品有充分的了解，相对其客户来说，具有较大的信息优势，也很容易利用该优势获利。例如，一些互联网基金平台为了增加基金销量，在宣传产品时过多地强调产品收益而不提或少提风险等级、限制条件、具体投资标的等内容，导致客户对产品信息了解不完整，从而造成客户资金的损失。这种现象的长期存在，无疑会损害互联网金融行业的整体形象，导致行业整体的信用水平下降，制约互联网金融行业的良性发展。

### 2．法律和政策风险

法律风险是指互联网金融机构因经营活动不符合法律法规而导致风险损失的可能性。由于互联网金融是一种新的金融业态，加之法律法规的制定具有一定滞后性，因此互联网金融机构可能引发法律风险。此外，一些互联网金融机构可能会利用平台从事诈骗、洗钱等非法行为，这也会引发一系列法律风险。

互联网金融面临的政策风险主要来自国家调整互联网金融政策带来的不确定性。2017年以前，我国金融监管部门对互联网金融的态度比较宽松，相应的监管政策也比较开放，使得许多互联网金融的新业态纷纷涌现。随着互联网金融的问题逐渐暴露，以及系统性风险的不断累积，2017年以后，我国金融监管部门逐渐收紧互联网金融的相关政策，出台了许多法律法规、政策文件，以加强对互联网金融机构的全面监管。

### 3．网络安全风险

与传统金融相比，互联网金融依托于互联网，必然也会受制于互联网。因此，互联网金融面临着较大的网络安全风险。一般情况下，互联网金融的网络安全风险主要体现在以下两个方面。

### 1）信息加密技术不成熟

互联网金融机构将大量数据存储在互联网上，这些数据一旦被窃取，将对互联网金融机构及其客户造成巨大的损失。若互联网金融机构不具备成熟的信息加密技术，其数据库极易被破解，会导致数据泄露，进而引发一系列严重后果。

### 2）安全防护技术不完善

由于互联网金融机构大多以网站、App等形式存在，因此其面临着黑客攻击、病毒感染等风险。一些互联网金融机构的安全防护能力较差，甚至未设置网络安全部门，一旦遭遇黑客攻击或病毒入侵，就有可能发生系统崩溃、操作失灵等故障，甚至会造成客户资金被盗取、平台资金被转移等重大损失。

### 4．操作风险

操作风险是指由信息系统或内部控制缺陷造成意外损失的风险，主要包括人为错误、系统故障、工作程序和内部控制不当等。互联网金融机构主要开展线上业务，许多操作都需要在线上进行。因此，当员工或客户对操作流程、交易规则等不了解时，操作风险就容易产生。

### 5. 市场风险

互联网金融机构持有较多的金融资产，易受利率、汇率、股价等因素的影响。因此，市场风险较大。例如，一些网贷平台利用自有资金优势，从银行融入资金并在自身平台上放贷，以套取借贷利差。当银行借贷利率在短期内大幅提高时，网贷平台就有可能会因为利差缩小而导致利润降低，甚至亏损。

### 6. 流动性风险

为了实现资本收益最大化，互联网金融机构往往不会持有过多的流动资金，而是持有一些收益性资产，如股票、债券、基金等。当互联网金融机构需要在短期内筹集大量资金时，其可能会因为持有过多在短期内难以变现的收益性资产而导致流动性不足。

当市场得知该金融机构存在资金困难时，投资者的信心可能会迅速瓦解，进而引发恐慌性的资金撤离，即所谓的挤兑危机。这种危机不仅加剧了互联网金融机构的流动性压力，还可能影响整个金融体系的稳定性。

### 课堂讨论

某互联网金融机构以"借款一万元，日息不到一瓶矿泉水的价格"为噱头推行短期信用贷款，完全不提贷款的真实利率、风险和违约后果。

请问：这个利率水平真的很低吗？该机构的这种行为会导致什么风险？

### 经典案例

## 审核不足引骗保

国内首例互联网保险欺诈案在浙江省湖州市吴兴区人民法院宣判，被华泰财产保险有限公司起诉的职业骗保师以保险诈骗罪被判处有期徒刑 6 年 6 个月。该欺诈案对于互联网保险行业的健康发展、相关法律法规的健全、监管政策的制定、保险企业的反欺诈维权提供了宝贵的借鉴。

这次互联网保险欺诈案所涉及的产品，是华泰财产保险有限公司与淘宝合作推出的有"中国第一款真正意义上的互联网保险"之称的网络购物退货运费损失保险。一审判决书显示，被告人通过虚假购物投保，随后再假装退货并申请运费险理赔，共计骗取保险赔款 20 余万元。

由于运费险金额较小，出于成本考虑，保险公司一般不会对投保人进行过多审查，于是便埋下了隐患，使得犯罪分子有机可乘。

（资料来源：冷翠华，《首例互联网保险诈骗案宣判》，中国日报网，2015 年 1 月 28 日）

### （二）互联网金融风险的特点

#### 1．风险类型复杂

互联网金融打破了传统金融的时空限制，使金融的表现形式不断丰富、金融交易虚拟化程度不断加深，但也导致金融风险更加复杂。

一般情况下，互联网金融机构大多采用先进的信息技术和经营理念，其产品结构较为复杂，使得各种金融风险与非金融风险相互交织。此外，金融机构出于技术保密等原因，对互联网金融产品的信息披露普遍不完整、不准确，这在一定程度上加剧了信息不对称，导致金融监管部门难以全面评估金融风险。

#### 2．传染性强

在传统金融行业中，各金融机构相对独立，并按照行业标准对自身风险进行监管。这有利于将风险控制在一定范围内，降低金融风险的传染性。但在互联网金融行业中，为了提高运营效率，各类金融机构通过互联网紧密联系在一起，导致金融风险的传染性较强。

此外，互联网金融系统内的数字货币、电子账户等，依赖于网络安全技术的保障。一旦某个网络节点发生问题，风险就可能在短时间内迅速爆发并通过互联网传播到系统中的所有节点。这种超越时间和空间限制并迅速传播的特点，使得互联网金融风险的传染性较强，带来的损失也可能会大大超出预期。

#### 3．影响范围广

与传统金融相比，互联网金融跨行业、跨部门的性质较强，不同业务之间的交叉范围较大。某一领域一旦爆发风险，就有可能对整个金融行业产生巨大影响，甚至引发系统性风险。

此外，互联网金融的服务对象覆盖了从大型企业到小微企业，从高收入群体到普通民众。一旦互联网金融风险爆发，其影响会迅速波及社会各阶层，对社会的和谐稳定造成不利影响。

## 二、互联网金融监管

互联网金融监管是指金融监管部门为保护投资者、金融消费者和客户的利益，维护金融体系的安全、稳定，促进金融发展，根据金融政策和法律法规对互联网金融主体和活动实施监督管理的工作。

### （一）互联网金融监管的现状

#### 1．互联网金融监管主体

中国人民银行、国家金融监督管理总局、中国证券监督管理委员会、地方金融监督管理局、行业协会等是我国互联网金融的主要监管主体。

（1）中国人民银行主要是从宏观审慎的角度对金融全局进行监管。在互联网金融领域，中国人民银行会对第三方支付、虚拟货币等互联网金融业务进行监管，确保这些业务符合国家的金融政策和法律法规。

（2）国家金融监督管理总局主要是从微观审慎的角度对金融机构进行监管。国家金融监督管理总局在整合了原中国银行保险监督管理委员会职责的基础上，负责对银行业和保险业的金融机构及其业务活动实施统一监督管理。在互联网金融领域，国家金融监督管理总局主要监管涉及银行、保险机构的互联网金融业务，如网络借贷、互联网保险等，以维护金融市场的稳定发展和消费者的合法权益。

（3）中国证券监督管理委员会负责对股权众筹、互联网基金销售等证券类互联网金融业务进行监管，确保市场的公平、透明和规范。

（4）地方金融监管局主要配合中央金融监管机构，对地方互联网金融机构进行日常监管和风险排查。

（5）行业协会，如中国互联网金融协会，通过制定行业规范、推动实施自律机制、加强信息共享等方式，促进互联网金融行业的健康发展，并协助金融监管部门进行行业监管。

此外，国务院反垄断委员会、国家互联网信息办公室、工业和信息化部、公安部门等均在各自的监管范围内，对互联网金融机构涉及的互联网络、电信和网络信息安全保障等业务履行不同程度的监管或协助监管职能。

### 2. 互联网金融监管举措

我国互联网金融的一般性监管举措可以归纳为以下几个方面。

（1）市场准入与牌照管理。互联网金融机构在开展业务前，需要取得相应的牌照或许可，确保具备合法经营的资格。这一举措旨在筛选出具备实力和合规意识的金融机构，排除潜在风险。

（2）日常监管与现场检查。金融监管部门会对互联网金融机构进行定期和不定期的现场检查，以及日常的非现场监管。这些活动涵盖了互联网金融机构的业务运营、风险控制、信息披露等多个方面，以确保互联网金融机构在合法、合规的轨道上运行。

（3）风险管理与预警机制。金融监管部门会利用现代科技手段，如大数据、云计算等，对互联网金融机构进行风险监测和预警。这有助于及时发现潜在风险，并采取相应的措施进行防范和化解。

（4）消费者权益保护。互联网金融机构在运营过程中，需要重视消费者的权益保护。例如，加强信息披露，确保消费者充分了解产品风险；设立投诉渠道，及时处理消费者投诉；向消费者普及金融知识，提高金融素养。

（5）行业自律与协作。金融监管部门鼓励互联网金融行业建立自律机制，推动行业协会发挥积极作用。同时，金融监管部门也会加强与其他监管部门的协作，形成监管合力，共同维护互联网金融市场秩序。

（6）法律法规建设与完善。金融监管部门会根据互联网金融行业的发展情况和风险变化，不断完善相关法律法规。这有助于为互联网金融机构提供明确的监管依据，确保其合规经营。

## （二）互联网金融监管存在的问题

随着近年来一系列政策文件、法律法规的出台，我国互联网金融监管的框架已基本确定，监管体系也日趋完整和规范。但是，我国互联网金融监管多多少少仍然存在以下一些问题。

### 1. 监管相对滞后，法律法规不够健全

由于互联网金融创新速度快、风险隐蔽性强，金融监管部门在制定监管政策方面始终滞后于互联网金融风险的暴露。往往在风险积累到一定程度，甚至平台集体"暴雷"之后，相关政策文件或法律法规才会出台。

此外，一些政策文件或法律法规可能与互联网金融产品和服务不完全匹配，或者没有对互联网金融业务的细节做出明确规定，使金融监管体系存在一些漏洞。

监管相对滞后，法律法规不够健全，这些都会给一些互联网金融机构的违规操作提供机会，不利于互联网金融的健康发展。

### 2. 监管手段单一、落后

各种新科技、新需求都会使互联网金融的业态发生变化。面对新形势，金融监管部门若缺少足够的知识和能力来准确判断行业发展的方向和结果，就会难以把握监管的方向和力度。

我国互联网金融监管主要是沿袭传统的金融监管模式及手段，侧重于依靠政策文件、法律法规等硬性规范来实施监管。但是，在大数据、金融科技快速发展的背景下，这种监管模式不能很好地平衡风险监管与促进行业创新发展的双重需求，容易导致过度执行、"一刀切"等问题。

### 3. 综合型金融监管人才匮乏

随着金融科技的发展及其与金融业务的进一步结合，金融监管部门对互联网金融监管的难度不断增加。金融监管部门要想保证互联网金融监管政策的有效性，就必须培养一批既熟识金融监管专业知识，又能熟练、灵活运用互联网金融科技的综合型人才。这类监管人才的匮乏，会直接影响我国互联网金融监管的效果。

## （三）互联网金融监管的对策

### 1. 完善现有法律法规

法律法规是金融监管部门实施金融监管、保障金融安全的根本依据，也是互联网金融机构开展互联网金融业务、进行金融创新的重要规范。因此，我国金融监管部门应当根据互联网金融发展的现状及趋势，针对其发展过程中暴露的各种问题及未来可能暴露的风险，不断完善金融法律法规，提高金融监管体系的风险监管和治理能力。

### 2. 融入监管科技，提高监管能力

由于互联网金融涉及很强的技术属性，金融监管部门仅从金融角度制定监管政策，可

能使监管政策与互联网金融的新业态不匹配，无法持续、动态地跟踪互联网金融业务。

因此，金融监管部门应积极地将金融科技应用到互联网金融监管领域，与金融科技机构进行深度合作，加强对互联网金融业务的风险监测，不断提高监管能力。例如，金融监管部门可以利用大数据、云计算、区块链等新技术，构建现代化的金融综合数据统计体系，以实时、动态地监控各类互联网金融风险。

### 3. 培养综合型金融监管人才

在互联网金融应用的新技术、产生的新业态、涉及的行业越来越多的背景下，金融监管部门需要培养或吸纳更多的综合型金融监管人才，对互联网金融出现的新技术、新业态等进行前瞻性研究，预测其可能产生的风险。这样，金融监管部门就可以根据这些研究成果及时制定相关政策，实现对互联网金融风险的事前、事中监管，兼顾金融安全和金融效率。

互联网金融监管政策的发展

此外，金融监管部门还可以与高校或社会研究机构合作，以充分整合并利用外界人才资源，为监管工作注入新的活力与智慧，提升整体监管效率。

## 任务拓展

有人认为，互联网金融让更多人享受到了金融发展的好处，让普通人也能享受投资理财服务；也有人认为，互联网金融风险太大，导致许多人倾家荡产。

4～6 人一组，针对"互联网金融是否利大于弊"进行讨论，并记录和整理主要观点。

# 项目考核

### 一、单选题

1. 互联网金融利用大数据、云计算等技术，自行完成信息甄别、匹配和交易，降低资金供求双方的交易成本。以上内容体现了互联网金融（　　）的特点。

　　A．虚拟性　　　　　　　　　　　　B．风险性

　　C．经济性　　　　　　　　　　　　D．普惠性

2. 第三方支付业务主要由（　　）负责监管。

　　A．中国人民银行　　　　　　　　　B．国家金融监督管理总局

　　C．中国证券监督管理委员会　　　　D．地方金融监管局

3. 网络借贷具有门槛（　　）、额度（　　）、交易速度快、还款灵活的特点。

　　A．低　低　　　　　　　　　　　　B．低　高

　　C．高　低　　　　　　　　　　　　D．高　高

4.（　　　）能够吸收社会上闲散的小额资金，为个人或组织提供资金支持。

    A．互联网基金　　　　　　　　　　B．网络借贷

    C．互联网信托　　　　　　　　　　D．众筹

5．下列选项中，负责对股权众筹、互联网基金销售等证券类互联网金融业务进行监管的主体是（　　　）。

    A．中国人民银行　　　　　　　　　B．国家金融监督管理总局

    C．中国证券监督管理委员会　　　　D．地方金融监管局

## 二、多选题

1．互联网金融的特点包括（　　　）。

    A．虚拟性　　　　　　　　　　　　B．普惠性

    C．风险性　　　　　　　　　　　　D．经济性

2．互联网金融的业态包括（　　　）。

    A．第三方支付　　　　　　　　　　B．互联网基金

    C．众筹　　　　　　　　　　　　　D．互联网保险

3．互联网金融风险具有（　　　）等特点。

    A．风险类型复杂　　　　　　　　　B．传染性强

    C．影响范围广　　　　　　　　　　D．监管难度小

4．互联网金融的监管对策包括（　　　）。

    A．完善现有法律法规

    B．提高监管能力

    C．融入监管科技，培养综合型金融监管人才

    D．忽视网络安全风险

5．下列选项中，说法正确的是（　　　）。

    A．互联网金融风险复杂

    B．过度宽松的审核标准会导致信用风险

    C．与传统金融相比，互联网金融跨行业、跨部门的性质较强，不同业务之间的交叉范围较大

    D．金融监管部门需要培养或吸纳更多的综合型金融监管人才

## 三、简答题

1．简述互联网金融的产生。

2．简述我国互联网金融监管存在的问题。

# 项目综合评价

指导教师可以根据学生的课堂表现、任务拓展的完成情况、项目考核情况对其进行评价。学生配合指导教师共同完成项目综合评价表（见表 9-1）。

表 9-1　项目综合评价表

| 班级 | | 组号 | | 日期 | |
|---|---|---|---|---|---|
| 姓名 | | 学号 | | 指导教师 | |
| 学习成果 | | | | | |

| 评价维度 | 评价指标 | 评价标准 | 分值 | 评价分数 | |
|---|---|---|---|---|---|
| | | | | 自评 | 师评 |
| 素养评价（20分） | 学习态度 | 刻苦认真，勇于钻研 | 5 | | |
| | 纪律意识 | 遵守课堂纪律，认真完成作业 | 5 | | |
| | 互动意识 | 积极发言，完成课堂互动 | 5 | | |
| | 团队精神 | 尊师爱友，积极合作，团结奋进 | 5 | | |
| 知识评价（20分） | 基础知识 | 了解互联网金融的产生 | 5 | | |
| | | 掌握互联网金融的特点和业态 | 5 | | |
| | | 熟悉互联网金融风险的类型和特点 | 5 | | |
| | | 熟悉互联网金融监管现状、存在的问题及对策 | 5 | | |
| 能力评价（20分） | 分辨能力 | 能够区分互联网金融与传统金融 | 6 | | |
| | | 能够辨析互联网金融的业态 | 7 | | |
| | 风险识别能力 | 能够识别互联网金融风险 | 7 | | |
| 成果评价（40分） | 任务拓展 | 整理和总结的第三方支付平台资料全面、准确 | 15 | | |
| | | 能够深入讨论"互联网金融是否利大于弊"这个问题，记录和整理的观点全面、准确 | 15 | | |
| | 项目考核 | 能够迅速、准确地完成相应习题 | 10 | | |
| 合计 | | | 100 | | |
| 总评 | 自评（30%）+师评（70%）= | | | 教师（签名）： | |

# 参考文献

[1] 黄达，张杰．金融学 [M]．6 版．北京：中国人民大学出版社，2024．

[2] 陈国胜．财政与金融 [M]．4 版．北京：清华大学出版社，2023．

[3] 郑在柏．财政金融基础 [M]．3 版．苏州：苏州大学出版社，2023．

[4] 张晓华．财政金融基础 [M]．北京：机械工业出版社，2023．

[5] 马春晓，彭明强．财政与金融基础知识 [M]．4 版．北京：高等教育出版社，2022．

[6] 陈共．财政学 [M]．10 版．北京：中国人民大学出版社，2020．